貯金0《ゼロ》でも「お金に強い女《ひと》」になれる本

笠井裕予
北端康良

経済界

はじめに　今のあなたに必要なのは「稼ぎ方」ではなく「ビリーフ」

「なんでいつもお金が貯まらないんだろう?」


これは10年前の私の口ぐせでした。

今でこそ、ファイナンシャル・プランナー(FP)として、2千人以上の女性にお金のアドバイスやマネーセミナーの講師をしているために、「かっこいい」などと言われることもありますが、小さいころの私は目立たない、人前になんて立てないコンプレックスの塊でした。

明るくて可愛い妹と自分を比べてみたり、白雪姫役に選ばれる友だちやクラスで人気者になる友だちと自分を比べては、「いいな」と思いながらも、何も言えない子どもでした。

おとなしくて、落ち着いている子。それが私についた評価でした。

でも本当は、そんな性格が嫌で嫌でしょうがなかったのです。

だから社会人になってからは、「お金をたくさん稼いでオシャレをして、可愛くなれば、幸せな人生になるんだ」と安易に考えていました。

でも人生は、なかなか思いどおりにはいかないものです。

社会人になってからは、会社の環境に合わず、幼いころからのアトピーが悪化し、顔から足まで全身ひどい状況になってしまいました。誰から見ても、ひどくてかわいそうと思われるくらいです。

ＯＬを辞めてからしばらくするとアトピーは自然と軽くなっていきましたが、今度は自分探しのために、手あたり次第に資格を取りに行ったり、人に流されるままネットワークビジネスにハマったり…。20代から30代前半まで、ずっとお金に振り回される人生でした。そうして幸せの青い鳥を探し求めたあげく、５千万円の借金を抱えてしまったのです。

私はただ、キラキラした素敵な女性になりたいと思っていただけのに、結果的にお金に振り回されるダメダメ人生になってしまったのです。

生きる自信を失いかけていた当時の私を変えてくれたのは、FPという仕事でした。莫大な借金の山を前に、困り果てていた当時の私に救いの手を差し伸べてくれたメンターが、FPという仕事のやりがいや生きていくうえでの重要性、楽しさまでも、私に教えてくれたのです。

もともと数字が苦手で、FPなんて自分では選ばなかった仕事ですが、その後の私を支える一生の仕事になりました。

この仕事を10年してきてずっと感じてきたのは、昔の私のように、お金の問題を抱えている女性があまりに多いということです。

・貯金がないと不安を感じながらも、なんとなくお金を使っている人
・年収が高いにもかかわらず、貯金ができない人
・将来が不安だけれど、好きなことはやりたいから美味しいものを食べに行ったり、ファッションを楽しんだり、友だちとの旅行にお金を使ってしまう人
・不安を消すために、やみくもに資格を取りに行ったり、「なんとなくいいことありそうだし、もしかしたら稼げるかも！」と期待してセミナーや講座に参加する人

お金の相談にくる女性から「あー、また、お金を無駄遣いしてしまった…」と、何度も聞きました。

なぜか、多くの女性が自分に自信がなく、お金の使い方を後悔し、まわりの人や情報やお金に振り回されて貯金できない「お金に弱い人」になっているのです。

彼女たちの悩みを解決するお手伝いをするようになってから、私は次第に、以前の私のようなお金に縛られ、振り回されている「お金に弱い人」を救いたいと、強く思うようになりました。

お金と向き合って、もっと人生を楽しんでほしい、幸せになってほしいのです。

なぜこんなにお金の問題を抱えてしまっているのか、お金の収支を改善して、資産形成のアドバイスをするというだけでは、根本的な改善ができないと感じていました。

「どうすれば、お金に振り回されずに生きられる〝お金に強い人〟になれるんだろう?」

長い間、FPとして最大の疑問でした。その答えをくれたのは、心理学と才能開発を専門にしている才能心理学協会の北端康良さんです。

「笠井さんの言うお金に強い人は〝お金の初体験〟から自由になった人のことです」

「〝お金の初体験〟から自由になれば、お金を稼ぐことも貯めることも、増やすこともできるようになりますから」

北端さんの「初体験⁉」という言葉にドキッとして聞いてみると、お金の初体験とは、私たちが無意識に思い込んでいる「お金観（お金のビリーフ）をつくるきっかけとなった出来事のことらしいのです。

「昔の恋愛を引きずって、幸せになれない人がいますよね。じつはお金も同じです」

「たとえば、親が本や習い事にはお金を使ってくれたけれど、可愛い文房具やペン、服は買ってくれなかったという経験をした人がいます」

「すると役立つもの、生産的なものにはお金を使ってもいいけれど、遊びや楽しみ、贅沢品にお金を使うのはもったいないと思い込むようになり、大人になっても本や資格にはお金を使うけれど、遊びや外食、洋服に使うのはもったいないと思い、使えない人がいます」

「可愛い妹は親からチヤホヤされて欲しいものを買ってもらえたのに、長女の私は買ってもらえず我慢してきたので、可愛くない私がお金をもらえなくても仕方がないと諦めている人もいます」

「テストで90点とったら欲しいものを買ってあげると親に言われて育った人は、他人の期待に応えないと評価されず、自分では欲しいものを手に入れられないと思うようになりがちです」

「すると大人になっても上司や顧客の期待に応えないと評価されず、お金も稼げないと思い、好きでもない仕事で人の期待に応え、ストレスを抱えている人もいます」

「学ぶこと、貯金すること、がまんすること、期待に応えることはいい資質ですが、〝お金の初体験〟と、その経験からつくられたお金の思い込み、これまで当たり前に信じてきたこと、つまり〝お金のビリーフ〟にとらわれているせいで、仕事もお金の使い方も自由に選べなくなっている人がたくさんいます」

「お金は欲しいものと交換する道具の一つです」

「お金は自分や大切な人の幸せのために使って初めて価値が出るものですが、多くの人が今も〝お金の初体験〟を引きずり、〝お金のビリーフ〟に囚われているせいで、お金を自由に使えず、幸福のためにも使えなくなっているのです」

私はこの話にびっくりしました。相談者から似たような話を何度も聞いたからです。

なにより、「人と比べてばかりいた昔の私が多額の借金を抱えてしまったのは、お金の初体験にとらわれていたからかもしれない」と思ったからです。

私たちは育った家庭環境や親のお金の使い方から想像以上に影響を受けていて、そのせいでお金の問題を抱えていることが少なくありません。

といっても、決して過去や親を否定しろ、ということではありません。逆に、親の生き方、考え方、価値観などを受け入れて、もっと意識的にお金というものと向き合ってほしいのです。

この本を通じて、今「お金」というものを最優先に考えて生きているために不安を抱えている人や、あまりにお金に無頓着で、お金の意味や性質がわからずに振り回されている女性に、人生を決めるのは、親でも、環境でも、お金でもなく、あなただという、当たり前のことに気づいてほしいのです。

今、あなたが持っているお金のビリーフは、今日から変えることができます。今はお金に振り回されていても、明日からお金に強い人として生まれ変わって生きていくことはできるのです。

実際、お金のビリーフを変え、自分自身で生きていくことを決めた女性たちが、次々とお金の不安から解消され、やりたいことを実現していったケースを数多く見てきました。

お金のビリーフを変えれば、行動が変わり、結果が変わるのです。

「自分に正直に人生を決めて、やりたいことを実現していく女性のお手伝いをしたい！」

「今はまだお金に振り回される人だったとしても、この本で人生が逆転するチャンスがあることを知ってほしい！」

そんな気持ちが出発点となって2人で本書を執筆しました。

私たちはお金について、きちんと勉強をしたことがありません。だったら、お金について何も知識がないのは仕方がないこと。お金の初体験やお金のビリーフについては、お金のプロでさえ、気づいていない人がほとんどではないでしょうか。

そこで本書では、前述の北端さんと一緒に、お金に強い人になるためのビリーフの持ち方や考え方、行動のコツを紹介しています。

第1章では、自分のお金のビリーフを知り、お金に強くなるビリーフに変える方法を。

第2章では、お金に強い人の時間の使い方を。

第3章では、お金に強い人のお金の使い方を。

第4章では、お金に強い人の働き方を。

第5章では、自分の価値を高め、収入を上げる方法を紹介しながら、不安なく豊かに生きるコツをお伝えします。


お金は、幸せになるための道具です。お金に振り回されない「お金に強い人」に変われば、お金を自由に使いこなせるようになります。

さあ、あなた自身を大切にして、幸せな人生を生きていくために、早速ページをめくってください。そして、今日から「お金に強い人」に生まれ変わりましょう。

笠井 裕予

目次

第1章
belief
思い込み

お金に強い人は、お金に強いビリーフがある

第2章

time
時間

お金に強い人は、お金よりも時間を大事にする

第3章 money お金

お金に強い人は、お金をこう使う

第4章

work
仕事

働き方を変えれば、お金の不安はなくなる

第5章

value
価値

自分を活かせる人が、お金に強い人

第1章

belief
思い込み

お金に強い人は、お金に強いビリーフがある

01 「いつもお金が貯まらない」のは「無意識」の思い込みのせい

「お金がないから、やりたいことができない……」

「銀行口座が空っぽになっちゃった……」

33歳のTさんは、自分の通帳を見て愕然としました。

Tさんの年収は400万円台と決して低いほうではありません。ですが、エステやネイルサロン、ヘアサロンに高価なサプリメントを購入するなど、美容関係のことに毎月お金を使いすぎてしまっていたため、気がつけばいつも金欠状態。今月の残高も、821円になっていました。

「お金がいつも足りないんです……」

Mさん（41歳）が相談に来たのは3年前の夏。彼女の月収は、生活に困る額ではなかったものの、セミナーや勉強会、ビジネスチャンスが舞い込む集まりがあると聞けば、どんなに高額な費用であっても積極的に参加。「いつかは起業したい」と思って自己投資をしすぎていたので、いつでもお財布は寂しい状態でした。

TさんやMさんは、典型的な**「お金に弱い人」**。お金に振り回される「お金に弱い人」というのは、つねに頭のどこかにお金の問題があり、お金のことを考えるとブルーな気持ちになるものです。

2人とも、そこそこの収入があるにもかかわらず、Tさんは「自分の外見を磨くこと」、Mさんは「自分の内面を磨くこと」にそれぞれ自己投資をしています。決してムダなお金を使っているわけではないのに、なぜかお金が貯まりません。

2人のような「お金に弱い人」が、いつも口にする言葉があります。

「お金があれば、自分のやりたいことができるのに……」
「お金があれば、幸せになれるのに……」

「お金があれば、子どもにだって十分な教育を受けさせてあげられるのに……」

こんなふうに、お金に弱い人はいつでも「お金さえあれば」と考えてしまうクセがあります。なので、いつでもお金に振り回されているような感覚があるのです。

実際、「お金に弱い人」は、なかなかお金を増やすことができません。

どうしてでしょうか。じつは、「お金のビリーフ」というものが関係しているのです。

すぐに「お金さえあれば…」と考えてしまうクセに気づいて！

「お金のビリーフ」とは、その人が「お金について絶対的に信じていること」を言います。

お金に対する、その人の「思い込み」でもあります。

お金のビリーフには、人生の選択肢を「広げるもの」と「狭めるもの」の2種類あります。当然のことながら、お金に強い人は人生の選択肢を広げるビリーフを、お金に弱い人は人生の選択肢を狭めるお金のビリーフを、それぞれ〝無意識〟のうちに持っていることになります。

そして、この**お金のビリーフによって、お金が貯まる人や貯まらない人、稼げる人や稼げない人まで決まってしまう**のです。

「お金のビリーフ」について、もっとわかりやすく言いましょう。

たとえば、先ほどの例で登場したTさんは「お金をたくさんかけないと綺麗にはなれない」というお金のビリーフがあります。とにかくたくさんのお金をつぎ込めば、その分だけ外見は磨かれるはず、と思い込んでいます。「お金をかけなければ美しくなれない」という思い込みが、Tさんのお金のビリーフです。

同じようにMさんの場合も「お金をかけないと内面は磨かれない」という思い込みが、お金のビリーフになっています。

ですが、「お金を使わなければ、〇〇できない」というお金のビリーフは、TさんやMさんの選択肢を狭めているばかりか、**お金を増やすチャンスを逃す原因にもなっているの**です。お金の都合で、自分の行動を制限するような「お金に弱いビリーフ」を持っているので、それも当然のことなのです。

02 浪費グセの原因は「お金の感情整理」ができてないから

「お金の万能感」から早く抜け出そう！

あなたがお金のビリーフにとらわれているかどうかは、次の言葉にどう感じるかで判明します。

「自分なりにがんばっているのに、どうして余裕のある生活ができないんだろう？」

もしも、この言葉に共感できるなら、あなたはお金のビリーフにとらわれている可能性があります。

ですが、大切なのは「お金のビリーフにとらわれている」という事実ではありません。

「お金に強い人」になるためには、誰でもはじめは、自分のお金のビリーフに気づく必要があるからです。

だからこそ、今ここで、お金のビリーフにとらわれていることに気づいた人はチャンスです。なぜならこれからの行動次第では、お金に強い人になれる、いわば「伸びしろ」のある人とも言えるからです。

ただし、お金のビリーフにとらわれていることには課題もあります。

それは、**お金のビリーフにとらわれていると、自分を大切にするのがいつでも二の次になるため、疲れた心を癒やすことですら散財や浪費など、お金で解決しようとしてしまう、**ということです。

毎日がんばって働き、できるかぎり節約を心がける生活を続けていても、なぜか一向に生活レベルが上がらない。余裕のある暮らしぶりの人や成功した人の生活スタイルを見ても、「あれは特別な人や恵まれた人だけが手に入れられること。運も才能もない平凡な私には無理……」と思い、ため息をつく。

そしてハードワークや節約に疲れると、ストレス解消やリフレッシュのために、本当に欲しいわけではない買い物をしたり、今を楽しむためだけにお金を使ってしまったりする。

こういうマイナスの悪循環を生むのが、お金のビリーフが持っている大きな問題点です。


なぜそうなるのかといえば、**お金が持っている「万能感」に毒されているから**です。

たしかに、お金はどんなものとでも交換できる力を持っていると言っていいでしょう。

格差社会、貧困女子、老後破産というメディアの声も、お金の万能感を強めています。

「お金はあらゆるもののなかで、もっとも価値の高いもの」「私という人間より、お金のほうが価値がある」と感じていることで、「お金があれば何でも手に入れられる。お金は万能なもの」と思いやすくなるのです。


心理学では、**万能感について「自分の人生に不満を感じているときに湧き出てきやすい感情」**と言っています。

何かに対して不満を持ち、鬱々とした感情が出てくると、人は、その鬱々感を取り去るために「お金さえあればなんでもできるはず」と、やけ気味にお金を使ってしまうのです。

これが浪費のはじまりです。

お金で解決しようとすると、もっと大事なものを失う危険も

「浪費」を心理学的に言うと、人生の不満に立ち向かえないとき、一時的に無力感を取り去るために、お金を使うことで「私には力がある」と感じるための行為、ということになります。

ですが、この行為は、「鬱々とした気分は、自分の力で取り去ることはできない。でも、お金の力があれば大丈夫」と思っている証拠。

お金で人生の不満足感を取り去れば取り去るほど、「お金のほうが私より価値がある」と、お金に弱いビリーフを強化してしまいます。

つまり、お金の万能感に支配されると、感情整理ができなくなり、自分が抱えている問題を、すべてお金で解決したくなるのです。これではハッピーな人生とは言えません。

お金に弱い人は、次のようにどんどん「お金に弱いビリーフ」を強化するスパイラルにはまってしまいます。

「お金に弱い人」のスパイラル

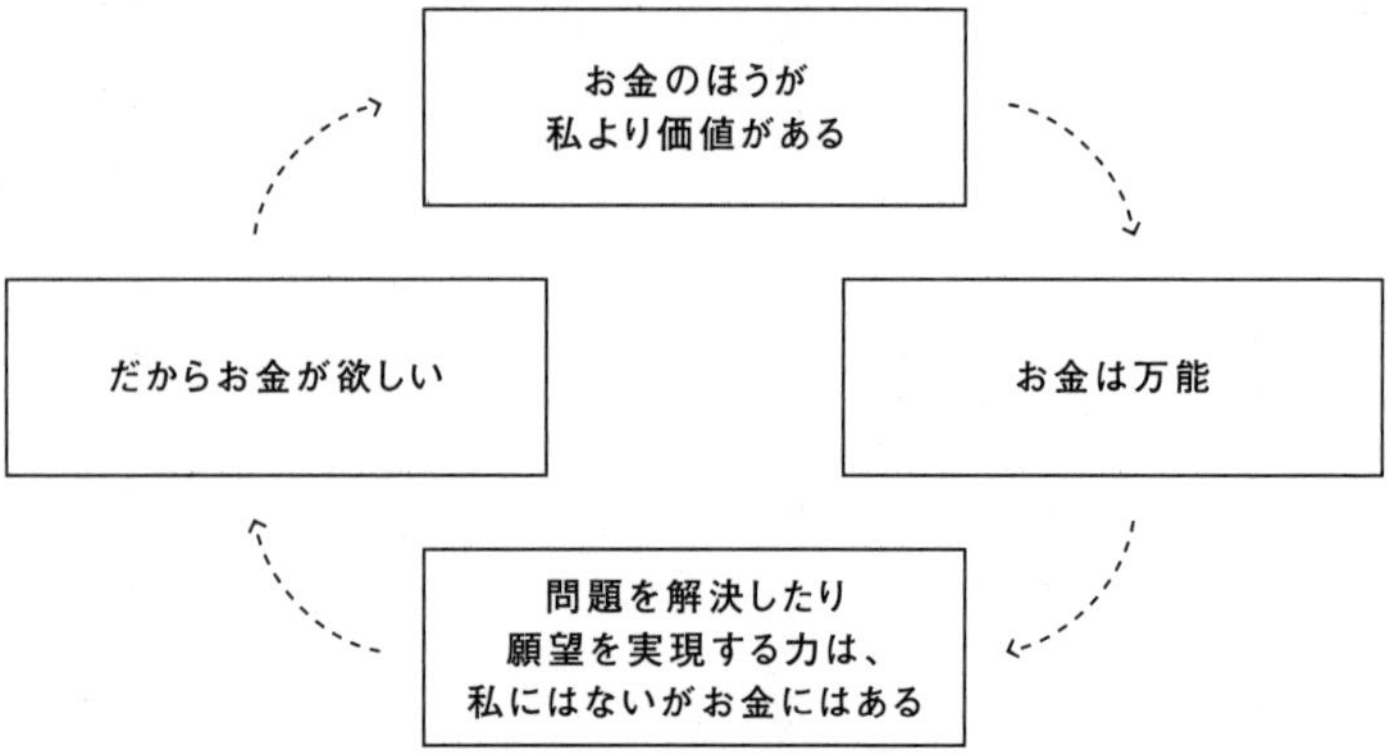

「お金に強い人」のスパイラル

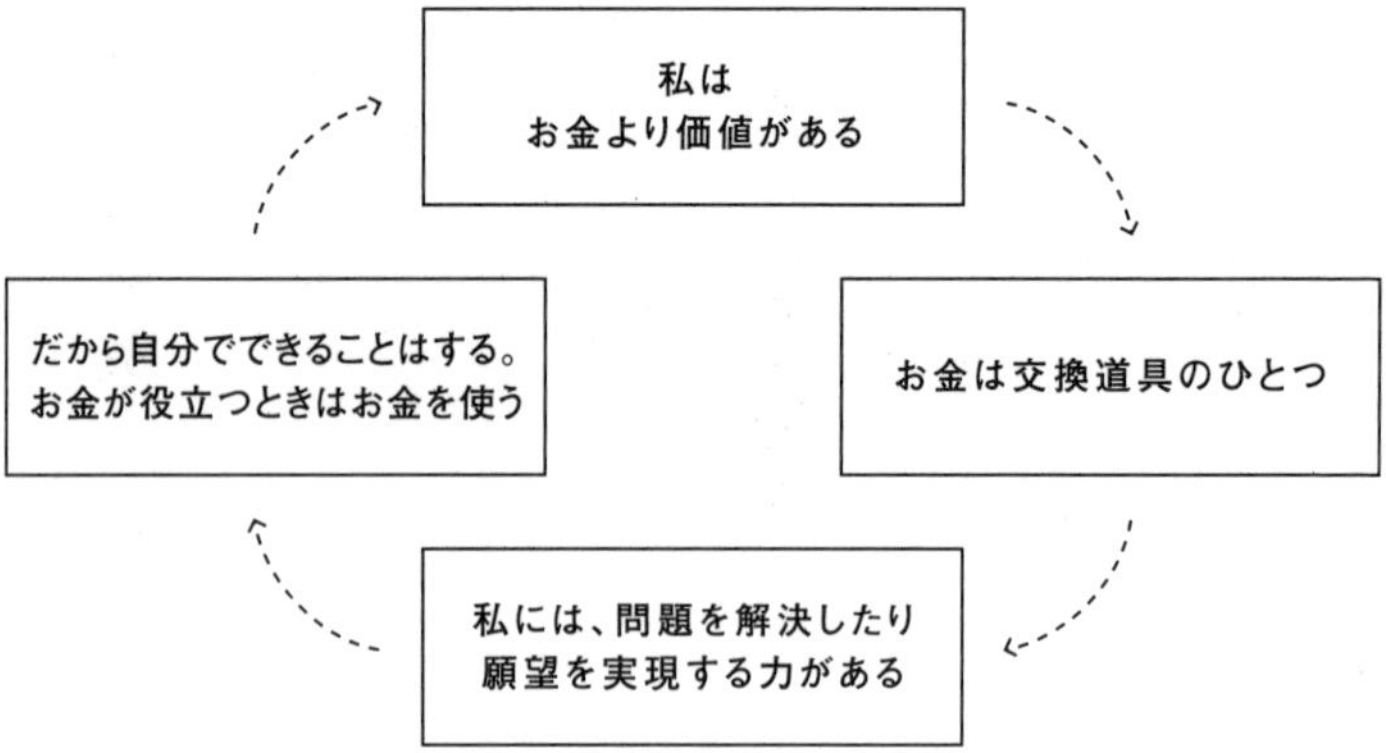

これでは、いくらお金があっても足りませんし、根本的な問題の解決にもなりません。経済的自立も、自分自身の幸せもどんどん遠のいてしまうのです。

一方で、お金に強い人は、「お金に強いビリーフ」を強化するスパイラルの中にいます。お金に強い人は無駄づかいをせず、本当に欲しいものにお金を使う。こうして自然とお金も貯まり、どんどん自分らしい人生を実現していくのです。

03
「やりたいこと」と「お金の都合」どちらを優先してる？

お金に向き合えない本当の理由

「あなたは、『自分のこと』と『お金のこと』、どちらが大切ですか？」

これは、「お金に振り回されたくない」と思っている人に、最初にたずねる質問です。

この質問に対して、ほとんどの人は、今のあなたと同じように「もちろん『自分』のほうが大切です」と答えます。

収入や資産に関係なく「お金も大切だけれど、人生で最優先すべきは自分自身がどう生きていくかということ。お金だけが大事なわけではない」と考えている人が圧倒的多数。

多くの人は「お金より自分」を大事にしたいと思っているのです。

でも、本当にそうでしょうか？

じつは、頭ではそんなふうに考えていても、**自分でも無意識のうちに「じつは、お金が何よりも大切なんだよね……」と信じている人は多い**のです。

たとえば、「私という人間は、お金では買えない。だからお金より価値がある自分のほうが大切」と思っている人は、お金に強いビリーフを持っている人。

一方で、「お金さえあれば、自分の好きなように生きられる。だから自分より価値のあるお金のほうが大切」と思っている人は、お金に弱いビリーフを持っている人です。

今のあなたがどちらのビリーフを持っているかを簡単にチェックする方法があります。

次の10個の質問に、直感でイエスかノーで答えてみてください。

□ 正直、今は好きでもない仕事をしている
□ 転職に興味はあるものの、安定した生活を失うのは怖い
□ 今の収入が保証できないまま、独立してやっていく自信はない
□ 夫と別れたいけれど、経済的な不安があって離婚に踏み切れない

□欲しいものはあるけれど、貯金が減るのは困るので買えない
□やりたいことはあるけれど、お金がないからできない
□セールやバーゲンには目がない
□値段が高いものを見ると「いいものに違いない」と思ってしまう
□自分より収入のある同僚や同級生とは、正直あまり付き合いたくない
□お金持ちの男性と付き合えないのは、自分がお金に縁がないせいだと思う

いかがでしたか?

じつは、これらの質問にイエスと答えた数が5個以上あったら、**「お金のほうが私自身より価値がある」という、お金に弱い人のビリーフにとらわれている**といえます。

たとえば、好きでもない仕事や安定した生活のために働くのは、お金の価値を優先しているからであって、自分の気持ちに正直になって行動した結果ではありません。

やりたいことや欲しいもの、離婚までもガマンしているのは、お金を重視しているため

で、自分の思いどおりに生きることを犠牲にしているからです。

収入が高い人やお金持ちの男性に引け目を感じてしまうのは、収入額で人の価値を評価している証拠……。

つまり、いくら頭では「人生は、お金より自分がどう生きるかのほうが大事」と考えているようでも、無意識では**「お金のほうが私より価値がある。だって仕事も人もモノもお金があれば自由になるけど、私には自由に生きる力がない。結局人生はお金次第でしょ」**と思い込んでいるケースが多いのです。

お金のことを考えると不安になる人は要注意

ここで注意したいのは、**「お金は私より価値がある」という、お金のビリーフにとらわれているかぎり、あなたは幸せになれない**、ということ。

どれだけたくさんの財産を抱えるお金持ちであれ、「お金がなくなったらどうしよう」という不安にとらわれている人は、お金のほうが私より価値がある、と信じています。

お金のビリーフにとらわれていると、お金を失う心配は永遠に続き、ハッピーな気持ちで心が満たされる人生を送ることはできないのです。

今までずっと、自分のことよりもお金のことを大切にしてきてしまった――無意識とはいえ、お金のビリーフにとらわれていた現実に最初は誰でもショックを受けるものです。

これまで「お金のほうが私より価値がある」という思い込みがあったために、人生のいろいろなことをあきらめたり、ガマンしたりしてきたことにも気づき、愕然としたかもしれません。

ですが、そのショックこそ、あなたを「お金のビリーフ」から目覚めさせるウェイクアップコールそのもの。

今のあなたが、「どのくらいお金のビリーフにとらわれているか」を意識することが、お金のビリーフから自分を解放し、「お金に強い人」に生まれ変わるためのファーストステップなのです。

04

「いつもお金で苦労してしまう」の5つの理由

なぜ、日本の女性はお金の万能感に負けやすいのか？

「お金さえあれば、自分の好きなように生きられる。だから自分より価値のあるお金のほうが大切」と考えるのは、お金に弱い人。

お金に弱い人は、なぜかいつでもお金に振り回され、お金に関する悩みや苦労がついて回るものです。

とくに日本人女性の多くがお金の悩みに振り回されるのには、いくつかの理由となる背景があります。そのなかでも、日本という国の文化背景や時代の変化など、5つのことを挙げて説明します。

―「男尊女卑の価値観」を引きずる考え方があるから

お金のコーチングをしていると「子どもの頃からお兄ちゃんや弟ばかり優遇されて、私は何も買ってもらえなかった」という女性がいます。

なかには、「祖父から『女はどうせ嫁に行くんだから、大学になんて行かなくていい』と言われて育ったので、高校卒業と同時に家を飛び出した」という女性もいます。

兄や弟と比べて、もらえなかったものは、おもちゃ、服、習い事、スポーツ、進学のチャンスなどいろいろあるでしょう。

こういったものは、つまるところお金で買うもの。男尊女卑の価値観が残っている家庭や地域で育つと、**「男はお金をかけてもらう価値はあるけれど、女はお金をかけてもらう価値がないんだ」と思い込む**ようになります。

これが、女性がお金に弱い人のビリーフを持ちやすい理由のひとつです。

もちろん、そんな現実から逃れるために経済的に自立する女性もいますが、ごく少数派。〝あきらめてきた女性〟が多数を占めるでしょう。それが、お金に弱い人を育むことにつながるのです。

「結婚したら家庭に入る時代」を母親世代が生きてきたから

男尊女卑の文化の中で育ち、働くチャンスがない女性にとっての幸福とは、経済力を持った男性と結婚すること。

とくに、あなたの母親世代は働きたくても働けなかったり、給料も低かったりしたので、豊かな暮らしを実現するためのお金を得るには、「結婚という選択肢」がいちばん現実的でした。

すると、「女の幸せは結婚すること」「収入のいい男性と結婚して、いい生活をさせてもらうのが幸せ」「女が働いてお金をもらうのは大変だし……」ということが、母親世代のビリーフになります。

実際に働いたことがなかったとしても、「結婚したら欲しいものを旦那さんに買ってもらえる」「女性が働くのは大変なこと」というビリーフを持つようになっていきます。

そして、このビリーフは、とくに同性である「娘」に伝染しやすいのです。

「私は収入を得られないから結婚して夫に稼いでもらった」「稼いでくれたのは夫だから

妻の私は我慢しないと」というビリーフを持っている母親を見て育った子どもは、**「女性の私には夫ほど稼ぐ力なんてないに違いない」「養ってもらっているんだから、我慢するしかない」**というビリーフができ、人生の不自由さにひたすら耐える人生になってしまうことがあります。自分で自分に、そうした考えを刷り込んでしまう傾向があるのです。

あなたの母親が生きた時代の社会システムが、母親のお金のビリーフに影響を与えるだけでなく、今のあなたのビリーフにも影響を与えているのです。

ー母親の「後悔」を聞いて育った世代だから

前述とは反対に、「本当はもっと働きたかった」「私に稼ぎがあれば、〇〇できたのに」という母親の後悔を聞いて育つと、**「仕事やお金があれば自由に生きられるけれど、なければ不自由な人生になる」**というビリーフを持ちやすくなることもあります。

たしかに、経済的に自立すれば自由になる部分もありますが、「自由を確保するには自分で稼がないと！」という気持ちが強すぎると、お金や仕事に束縛され、不自由になることもあります。

とくに、「お母さんは手に職がないから働けなくて、お父さんの言うことを聞くしかなかった」「あなたは手に職を持ちなさい」などの言葉を聞いていると、「仕事（お金）がない＝自由を失う」というビリーフを持ちやすくなります。

その結果、自分がしたい仕事よりも、お金になる仕事。収入の高い男性と結婚しても、なぜか「私も働かなければ…」と思い、仕事をやめられない女性になってしまいます。

仕事が大好きなら問題ありませんが、そうでないなら考えもの。お金に振り回されることにつながるからです。

「ほかの人より目立つことは損」という風潮があるから

「目立つと嫉妬される」「出る杭は打たれる」と思ったことはありませんか？

男性社会は縦社会ですが、女性社会は横社会。そのため、何か目立って横一列から抜け出してしまうと、嫉妬や批判を浴びやすくなります。

とくに今の時代、**「目立つと嫉妬される」というビリーフを持っていると、お金に弱い人になりやすい**のです。

たとえば、ブロガーやインスタグラマー、ユーチューバーなど、目立った人ほどアクセス数や「いいね！」をもらえ、それがお金に変わる時代です。

あなたのまわりにもSNSなどを武器に、自分のブランドをつくり、目立つことで収入を得ている人がたくさんいるでしょう。

ITが個人にパワーを与えたことで、時代は大きく変わりました。「お金に強い人」はITを駆使することで、誰に頼らなくても、自分の力で稼ぐ力を手に入れています。

企業で働く女性も同じです。働く女性の増加にともない、役職やポジションにつく女性も増えています。そのときに「自分が目立って活躍することで、まわりから嫉妬されるのが怖い」と思う人は、役職やポジションにつきたくないと考えるでしょう。すると、収入アップのチャンスややりたい仕事をオファーされても、躊躇してしまいます。

一方で、目立つことに抵抗のない女性は、自分の強みや才能を活かして、どんどん活躍していきます。そういう人たちを横目に見ていると取り残された感も募るもの。「私はチャンスをつかめない」「お金を稼げない」と、ますます自分がお金に弱い人だと思うようになるのです。

ー目に見えないものを「お金で買える時代」になったから

昔と違って、今はお金があれば大抵のものは買える時代。あなたが「お金を欲しい」と思うのも、お金があれば何でも手に入れられると思うからではないでしょうか。

お金は、生活を便利にしてくれましたが、同時に「お金のほうが私より価値がある」と、ますますお金に弱いビリーフを私たちに刷り込んできます。

たとえば、婚活マーケットや転職マーケット。

婚活にまつわるサービスの多くは、言い換えれば、「結婚をお金で買う」ということ。外見や魅力、相手の学歴や収入を数値化し、条件のいい異性を探せるようなシステムで、愛や幸せを得るチャンスをお金で買いやすくするものです。出会いのチャンスが広がるメリットはありますが、**数値が悪ければまったく相手にしてもらえず、「結局、結婚もお金次第」とお金に弱いビリーフを強化**してしまいます。

転職にまつわるサービスの多くは、「キャリアをお金で買う」ということ。まずは自分の経歴や能力を数値化することからスタートします。

「今の自分ならどの程度の年収を得られるのか」、企業は「どの程度の給料をオファーすれば欲しい人材を買えるのか」といったことです。企業側が一瞬で判断しやすいようにその人を数値化して、便利に売買できるようにしたのが転職マーケットの機能です。

ほかにも、今どきは医療の分野でも同じことがいえます。お金があれば最先端の医療を受けられ、命が助かる。そういう情報が増えるにつれ、命にも値段がつくようになったと思う人も増えています。

ひと昔前とは大きく異なり、目に見えないものまでお金で買えるようになった今の世の中は、ますます「お金のほうが私自身より価値がある」という、お金に弱いビリーフをあなたに刷り込んでくるのです。

このように、お金に弱い人は、お金に振り回されることになる何かしらの理由があるものです。次の項目では、「なぜ、お金に弱い人になってしまうのか」について、より深く考えてみましょう。

05 お金に弱いのは「間違ったお金のビリーフ」のせい

親の価値観で生きていると幸せになれない!?

前項では、なぜあなたが今、お金に弱い人になってしまったのか、その背景について日本独特の文化や時代のことを挙げて説明をしました。

じつは、そのほかにもうひとつ、お金に強くなっていくためには欠かせない、乗り越えるべき大きな壁があることに気づく必要があります。

それは、あなたの親によって形成された、「間違ったお金のビリーフ」の存在です。

あなたがこれから自分らしい人生を生きていくためには、今、持っているビリーフを見直し、お金に強い人になることが必須です。

ビリーフを見直す理由は、お金のことだけに限りません。今は、結婚のあり方、家族のあり方、女性の生き方、働き方など、あらゆるビリーフが変わりつつある時代。昔のビリーフのままでは、豊かな人生を過ごすのは難しくなっています。

たとえば、あなたの両親が60代以上なら「離婚はタブー」というのが、その時代のビリーフです。ですが、今は、3組に1組が離婚する時代。幸せになるためなら離婚も選択肢のひとつでしょう。

親の世代とは異なり、専業主婦ではなく、共働きが当たり前になれば、家事や育児も夫婦で分担するのが当たり前。家事代行サービスやベビーシッターなどにアウトソーシングするのも一般的になりつつあります。

「離婚はタブー」「家事や育児は妻の仕事」という親の世代の価値観に沿ったビリーフを持ったままでは、自分らしく生きていくのが難しくなってしまうでしょう。

あなたのお金のビリーフは「お金の初体験」でつくられる

親の価値観は、今のあなたが持っているお金のビリーフに大きな影響を及ぼしています。

なぜなら、**あなたが持っているお金のビリーフは、あなたの「お金の初体験」によってつくられたもの**だからです。

たとえば、子どもの頃、オモチャをねだるあなたに対し、親から「オモチャはダメだけど、本なら買ってあげる」などと言われた経験はありませんか？　これがお金の初体験だとすれば、「楽しみのためにお金を使うのはよくないけれど、役に立つことになら許される」というお金のビリーフを持つことになる人もいるのは納得できるでしょう。

「お金の初体験」は、その人のその後のお金の使い方や価値観にも大きく影響することになるのです。

先ほどのケースでいえば、自分でお金を稼ぐようになってからも、「仕事で使う本や資格取得の勉強のためにならお金を使うのも惜しまないけれど、ショッピングや海外旅行など娯楽にお金を使うなんてもったいない」と考えるようになることも大いにあるのです。

ほかにも、その人のお金のビリーフを形成するきっかけとなる「お金の初体験」には、次のようなケースも考えられます。

私がこれまで見てきた人たちの代表的な例を挙げてみましょう。

┃自分のためにお金を使うことに抵抗があるタイプ

両親が自分たちのことは後まわしで、すべて子どものためにお金を使ってきたことを心苦しく感じているために、「お金は誰かのために使うもの。自分のために使ってはいけない」というお金のビリーフがある。

┃人からお金をもらうことに抵抗があるタイプ

母親がいつも父親の給料を恐縮しながら受け取っていたので、「家族を含め、誰かからお金をもらうと、申し訳ない気持ちになる」というお金のビリーフがある。

┃自分で使うお金は自分で稼ぐタイプ

母親が働いていたこともあり、父親が稼ぐお金とは別に、自分の欲しいものは自分の稼いだお金で手に入れていた姿が記憶にある。そのため「自分で稼いだお金は、自分の自由に使える」というお金のビリーフがある。

このように、**すべての人に「お金の初体験」があり、それがそれぞれの人の「今のお金のビリーフ」をつくっていることは少なくありません。**

お金に弱いビリーフにとらわれている自覚があるなら、どうしてそんなふうに考えるクセができたのか、そのきっかけとなる「お金の初体験」を突き止める必要があります。「お金の初体験」を突き止め、過去を知れば、あなたがお金のビリーフを持つにいたった理由がわかり、未来を変える「決断」もできるようになります。

過去を知り、今を理解すれば、あなたが今持っているビリーフが、あなたの未来の選択肢を増やすものか、狭めるものかが見えてくるようになるのです。

06

「本当にやりたいこと」ができない理由はどこにある？

お金を稼ぐ自信が持てないのはなぜ？

「本当はやりたいことがあるけれど、それでお金を稼ぐ自信はない。だから、生活していくために、今の仕事を続けるしかない」

このような悩みを抱えている人は多いもの。知り合いの希美果さんもそうでした。

希美果さんは、卒業後、化粧品メーカーに就職したものの、父親が経営する会社をサポートするためにやむなく退社。その後は、父親や家族のために働いていましたが、28歳になって「このままではイヤだ」と思ったといいます。希美果さんは、本当はやはり美容業界でメイクの仕事をしたかったのです。

とはいえ、父親の会社を辞め、メイクの仕事で独立するには経済的な不安があったのも事実。まさに「やりたいことはあるものの、お金を稼ぐ自信はない」という状態でした。

希美果さんに、そんなふうに思わせてしまっていたのは、「自分のことよりお金のほうが大切」という思い込み、つまりお金に弱いビリーフのせいでした。

「私には自力でお金を稼ぐ力なんてないに違いない」という根拠のない思い込みが、お金のビリーフとなって、希美果さんの行動をブロックしていたのです。

「親の口ぐせ」が間違ったお金のビリーフをつくる

希美果さんがとらわれているお金のビリーフは、母親から言われ続けていた言葉が原因で、できあがったものでした。

母親の口グセは、「ちゃんとした会社に就職しなさい」というもの。

いわゆる「ちゃんとした会社」に勤めれば、その会社にはお金があるはずなので、お給料もきちんと払われて安定した生活を続けていくことができるはず、というのがその理由。

裏を返せば、**「ちゃんとした会社に勤めなければ、お金に困り、安定した生活を送ることができない」**ということにもなります。

やりたいことがあるのに最初の一歩を踏み出す勇気が持てなかったのも、「ちゃんとした会社に勤めていないと、生活していけないのではないか」という不安ができあがっていたからです。母親から刷り込まれたお金のビリーフが、無意識に壁となって彼女の行動をはばんでいたのです。

親は、子どもを大切に思うからこそ、「ちゃんとした会社に就職しなさい」「安定がいちばん」「コツコツと働くことが大切」といいますが、**子どもには、「お金を稼ぐのは大変なこと」「あなたに自力でお金を稼ぐ力はないんだよ」と間違って伝わる場合もあります。**

その結果、大人になっても「私の価値はお金より低い」というお金のビリーフにとらわれ、やりたいことに挑戦するための一歩が踏み出せずにいるケースが多いのです。

希美果さんだけではありません。子どもの頃に聞いた親の言葉をはじめとする、お金にまつわる出来事を誤った解釈のままインストールしてしまい、間違ったお金のビリーフを持ってしまっている人は少なくないのです。

07 お金のビリーフは今すぐ変えることができる!

好みの洋服を選ぶように、自分らしく生きる道を選ぼう

お金の初体験や、子どもの頃に聞かされた親の言葉が、今のあなたのお金のビリーフをつくるきっかけになっていることは理解していただけたと思います。

ですが、ここで大切なのは、今持っているお金のビリーフは、このままずっと変わらないものではない、ということ。今すぐにでも、お金に強い人になるためのビリーフに変えることができるのです。

古いビリーフに慣れ親しんでいる人にとって、新しいビリーフは心理的に受け入れがたいかもしれません。ですが、親と子、男性と女性、古参社員と若手社員など、異なるビリーフの衝突は、いつだってあなたを成長させるもの。自分らしく生きるためには避けて通れ

ないものなのです。

だからもしも、あなたがお金に強い人になりたいと思うなら、自分自身でしっかりと「新しいビリーフを持つ」という決心を今この瞬間にしてください。

理由は2つあります。

ひとつは、**お金に強い人は自分のことは他人まかせにはせず「自分で決める」**から。もうひとつは、**お金に強い人はどこに誰といても「自分の軸で生きている」**からです。

今は「何が幸せか?」という、お手本を誰も提示できない時代です。すべての人がそれぞれ自分らしい幸せを望むようになりました。時代背景が違う親の生き方や、有名人のライフスタイルを真似るのは「自分らしく生きることではない」と多くの人が気づきはじめたのです。

あなたは、自分の好きな服を選ぶように、あなたらしく生きられる道を選んでいいのです。

あなたが「自分だけの幸せのモデル」を見つけ、人生をデザインしていく力を身につけることが大切。そのためには、今から本書でお金に強いビリーフの持ち方を知ることが必要です。お金に強い人が持っている「自分だけの最高の人生を生きる力」は、あなたの中にも眠っているのです。

お金のビリーフに気づけば、お金に強くなれる

繰り返しになりますが、今までお金に振り回される人生を送ってきた人でも、自分のお金のビリーフに気がついたときから、お金に強い人に変わることができます。

私は15年以上にわたって、のべ５千人以上の経営者やビジネスパーソンを対象に、「才能開発」支援の講師を勤めていますが、受講生の中でも、自分がとらわれていたお金のビリーフに気がついたとたん、みるみるうちにお金に強い人に変わっていた人たちをたくさん見ています。

彼女たちは、最初はお金に弱い人でした。

「お金がないから、やりたいことができない」
「がんばっているのに、いつもお金がない」
「私にはお金をたくさんもらう資格がない」
といった悩みを抱え、なんとかしてお金に強い人になりたいと願っていました。

そんな悩みを抱えながらも、「もうこれ以上、お金に弱い人でいたくない」と、現実に立ち向かおうと真剣に自分の将来を考えている受講生たちに、まず私が指導するのは**「自分のお金のビリーフを知る」**ということです。

というのも、世の中にお金のビリーフというものが存在していることはわかったものの、人それぞれお金のビリーフは違うもの。

あなたも気づいていない、自分のお金のビリーフがどんなところにあるのかを自分自身が知ることから、お金に強い人として生きる人生がスタートするのです。

自分だけのビリーフに気づけば、人生は変えられる

希美果さんがお金のビリーフに囚われるようになったきっかけは、子ども時代、経済的に苦しかったからでした。

両親は学生結婚。父親が十分に稼げない状況で彼女が生まれ、その数年後には弟も誕生。父親は家計をまかなうために仕事人間になり、母親は育児ストレスで疲れきっていたそうです。その間、阪神淡路大震災もあり、苦労が重なりました。両親が愛し合っているのはわかっていたものの、喧嘩の絶えない日々。いつしか彼女は両親の心配ばかりするようになり、緩衝材のような役割を果たしていました。

彼女のお金の初体験は、経済的に苦労し、子育てに疲れ、子どもの心配をする母親を見てきたこと。

メイクの仕事を選べなかったのは、「フリーランスになって自分まで経済的に不安定になれば、今以上に母親に心配や負担をかけてしまうかも」と不安だったからです。これは、「私が結婚して嫁に行けば実家の跡取りがいなくなり、親が悲しむ」と思い、自分好みの結婚相手ではなく、親が望む結婚相手を探し続けている独身女性に似ています。

希美果さんは「家にはお金がない」「お金がないと家族で揉め事やトラブルが起きる」

というお金のビリーフを持っていたので、「私までお金に困ると母親に心配をかける」「自信もないのにフリーランスになって母親に心配をかけてはいけない」と思っていたのです。

お金のビリーフに気づいた彼女は悩みました。

今までどおり母親に心配をかけない人生を生きるのか？

それとも、夢を叶える人生を生きるのか？

20年以上、「母親には心配をかけない生き方」を大切にしてきた彼女にとって、これは勇気のいる決断です。けれど希美果さんは決めました。

「母親も夢も大切」

「夢をあきらめず、母親にも負担をかけない方法があるはず」

「好きな仕事で経済的に自立しよう！」

散々悩んだ末の決断でしたが、いざメイクのモニターを募集すると、友人たちの口コミで希望者が集まり、半年後にはイベントにも呼ばれるようになりました。

すると不思議なことに、母親も彼女の姿を楽しそうに見るようになったのです。若くして結婚し、子育てに追われた母親は、自分ができなかった好きな仕事をしている娘に、自分の夢を重ねて見ているのかもしれません。

働き方やお金の使い方は親子でも違うもの。経験が変われば価値観も変わるからです。だからあなたと親の価値観が違い、生き方が違うのは自然なこと。違う生き方をしたからといって親子の絆が切れるわけではありません。本当の絆とは考え方や価値観や生き方が違っても、お互いに認め合い、共にいられることです。

希美果さんはお金のビリーフから自由になり、自分が輝く道を選びました。

今のあなたにも同じことが言えます。お金のビリーフに気づき、「私はお金より価値がある」「お金に力があるのではなく私に力がある」というお金に強い人のお金のビリーフにシフトすれば、あなたの人生は一変します。

「決めた女性」は、自由になるのです。

08

すべてのお金のビリーフは4タイプに分類できる

今のあなたが持っているお金のビリーフを知ろう

お金に強い人のビリーフを持つためには、まずは今のあなたが持っているお金のビリーフのタイプを知ることからはじめましょう。

お金のビリーフには4種類のタイプがあります。具体的には、お金のビリーフは、

- **お金はある／お金はない**
- **お金はもらえる／お金はもらえない**

の2つの軸で分類できる、4種類のタイプです。

お金のビリーフ4タイプ

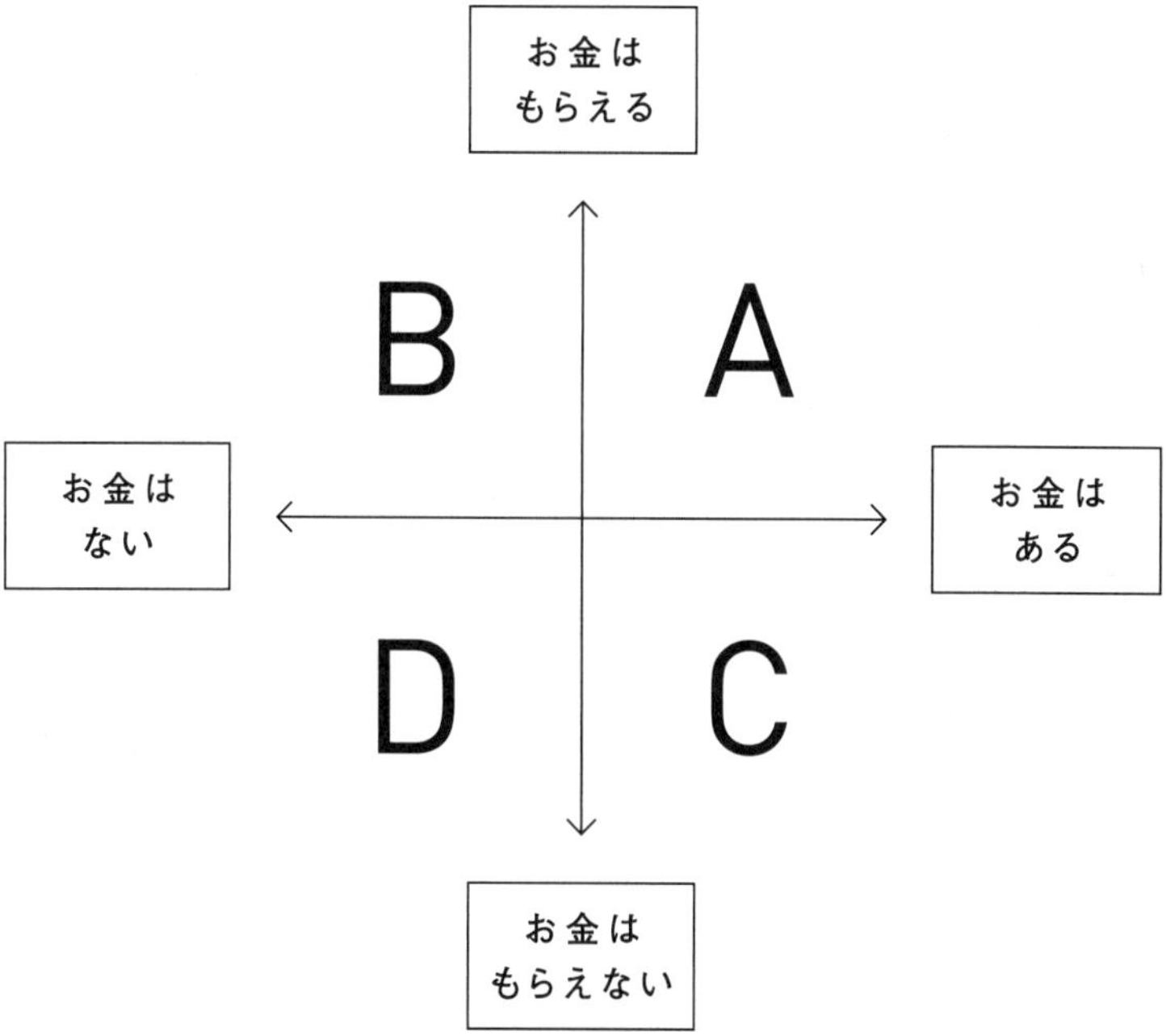

子ども時代、お金はあると思っていたか、ないと思っていたか。お金はもらえると思っていたか、もらえないと思っていたかで、あなたのお金のビリーフのタイプが決まります。

実際、私がこれまでいろいろな人にお金に関する話を聞き、子どもの頃から思い込んでいるお金のビリーフについて調べたところ、あらゆる人が持っているお金のビリーフは、この4タイプに分類できることがわかりました。

あなたは、どのタイプに当てはまるでしょうか。

・やりたいことはなんでもさせてもらえた
・ほしいものは無条件で買ってもらえた
↓お金のビリーフがAタイプ（お金はある×お金はもらえる）

・両親ががんばって働いてくれたおかげで習い事や進学ができた
・ほしいものは大抵、買ってもらえた
↓お金のビリーフがBタイプ（お金はない×お金はもらえる）

・兄妹はやりたいことができても、私はできなかった
・ほしいものがあっても、なぜか私だけ買ってもらえなかった
↓お金のビリーフがCタイプ（お金はある×お金はもらえない）

・やりたいことがあっても、やらせてもらえなかった
・ほしいものがあっても、買ってもらえたことはない
↓お金のビリーフがDタイプ（お金はない×お金はもらえない）

――これらが、基本的なお金のビリーフの４タイプです。たとえば、希美果さんの場合、子ども時代、両親はお金に困っていて、家にお金はなく、もらえることもあれば、もらえないこともあったので、Ｂ・Ｄタイプの中間。大人になっても同じタイプのままでした。

ひとつ気をつけていただきたいのは、「お金はある／お金はない」というビリーフをつくるのは、客観的に裕福かどうかという経済状況ではない、ということです。

たとえば、どれほどお金持ちの家に育っても、「ウチにはお金がない、お金がない」と言われて育つと、子どもは「うちにはお金がないんだ」と思うようになります。

「おじいちゃんが残してくれた財産は家のお金だから守らなくてはいけない」と聞かされて育った子どもは「お金はあるけど使ってはいけない」と思うCタイプになります。

友だちから見れば、あなたは裕福な家の子どもでAタイプだと思われていても、あなたが「本当に欲しいものは買ってもらえないし、やらせてもらえない」と思っていればCタイプの「お金はあるのに、もらえない」というビリーフを持ちます。

反対に、どれほど貧しい家に育ち、お金をかけてもらえなくても、気に病むことなく努力して奨学金を得たり、クラブで活躍して推薦で進学した人はBタイプになります。

つまり、お金のビリーフとは、客観的な経済状況ではなく、あなたが「お金があると思っているか」「ないと思っているか」「もらえると思っているか」「もらえないと思っているか」の主観で決まります。

子どもに、家族の経済状況や親の考えを変えられないのは、当然のこと。あなたの意思とは無関係に、環境により当時のお金のビリーフは決まってしまいます。

危険なのは、大人になって自分の意思で環境を変えることができるようになっても、いまだに昔のお金のビリーフにとらわれてしまっている人が少なくない、ということです。**自分の選択で、会社も、働き方も、付き合う人も、パートナーも変えられるのに、今でもあなたの人生を支配しているビリーフに合った会社、仕事、収入、人を、あなたに選ばせる**――それがお金のビリーフの怖い点なのです。

じつは、さきほどの希美果さんも「もらう」が苦手な女性でした。「母親はお金に苦労してもらえていないのに、私だけもらうなんて……」と感じて育ってきたので、友だちからメイク代をもらったり、男性からご馳走してもらうのも躊躇しがちでした。

お金のビリーフに気づかなければ、ビリーフが仕かけてくるワナに絡め取られてしまいます。そうなる前に、今ここでしっかりと自分自身のお金のビリーフを把握しておきましょう。

「お金のもらい方のクセ」は意識しなければ変わらない

子ども時代の経験がベースになって、それぞれのお金のビリーフをつくり、大人になると、**持っているビリーフの違いによって働き方や人への関わり方、収入や資産に影響が出てきます。**

子ども時代、私たちは親からお小遣い（お金）をもらい、大人になると会社からお給料（お金）をもらう、に変わります。

そして、「お金を持っている親がえらい（価値がある）」と思い、大人になると「お金を持っている会社や社長がえらい」と思うようになります。

お金をもらえるかどうかは、持っている親や会社次第で、もらう側の子どもや社員には決定権がないからです。

「お父さんがダメと言ったから、ダメ」と言われた経験がある人もいるでしょう。

お金が思いどおりにならないことは多々あります。

つまり、私たちのお金の初体験は、お金を稼ぐ前に、お金をもらう経験。

お金をもらえたかどうかが、「私はお金より価値がある」というビリーフになるか、「お金のほうが私より価値がある」というビリーフになるのかに影響しているのです。

「女は学校に行かなくていい」「そんなものにお金を使うのは無駄だ」と言われた人が「私（の希望）にはお金をかけてもらう価値はないんだ」と思うようになっても無理はありません。

この「もらい方のクセ」は言葉づかいや姿勢と同じように、意識しなければ子どもの頃のまま、大人になっても変わりません。

子どもの頃に形成されたお金のビリーフを、それぞれそのまま持ち続けて大人になると、それぞれのタイプごとに、次のような傾向になります。

ーお金のビリーフがＡタイプ（お金はある×お金はもらえる）がそのまま大人になると…

やりたいことには挑戦するし、ほしいものを手に入れる方法を考えて行動する。必要なお金はあるし、もらえる。

ーお金のビリーフがＢタイプ（お金はない×お金はもらえる）がそのまま大人になると…

今お金があるかないかに関係なく、やりたいことをする。ほしいものも自分のがんばり次第では、なんとかなる。きっと大丈夫。

―お金のビリーフがCタイプ（お金はある×お金はもらえない）がそのまま大人になると…

努力しているのに、なぜか欲しいものが手に入らない。チャンスに恵まれない。手に入れはしたが、「これが欲しかったんだろうか？」と迷うことがあり満足感がない。もらえる人が羨ましい。

―お金のビリーフがDタイプ（お金はない×お金はもらえない）がそのまま大人になると…

やりたいことやほしいものがあっても、私には無理だろう。お金に余裕がなく今が精一杯。努力しても何も変わらない。どうせ私はもらえない。

いろいろな人の話を聞いていると、ほとんどの場合、この4タイプのいずれかのビリーフに由来していることがわかります。

じつは、**「お金に強い人」と言われる人たちは、たとえ過去にどんなタイプのお金のビリーフを持っていようと、ある段階で「Aタイプ」のお金のビリーフを持つようになることが多い**のです。

大人になる過程で起きる環境の変化や経験により、その人が持っているお金のビリーフが変わるケースは珍しいことではありません。

「貧乏な家庭に育ったので、バイトをしながら大学に行き、いいお給料がもらえる企業に就職して、今はバリバリ稼いでいる」という人も大勢います。

それは、彼女たちが自分自身でお金のビリーフを変えようと決意したから。

親から教えられたお金のビリーフのままで一生を過ごすのはやめようと、「決めた」瞬間から、あなたのお金の運命は変わるのです。

09 私たちはこうしてAタイプの人間に変わった

お金に強い人に変わった4人の実録エピソード

お金のビリーフには、4つのタイプがあることをお話ししました。

ここでは、それぞれ子どもの頃の環境や過去に持っていたお金のビリーフは異なっていても、結果的にすべての人が「お金に強い人」に変わった、実際のエピソードをご紹介します。

■Aタイプ（お金はある×お金はもらえる）：岩井洋美さんのケース

20代で結婚してからずっと専業主婦をしていた岩井さんは、50歳を過ぎて「お金に強い人」に変わった女性です。

岩井さんが「お金に強い人」になったきっかけは、「学び」でした。50歳を過ぎて、コーチングの勉強をはじめた岩井さんは、もともと備わっていたセンスもあり、プロのコーチとして瞬く間に評判が上がり、活躍することになりました。もちろん、運がよかっただけではありません。スキルアップのために、才能プロファイリング（才能診断スキル）も学ぶなど、岩井さんは勉強することを怠りませんでした。

20代で結婚退職してから、専業主婦をしていた女性が突然、コーチとして成功するのは珍しいケースなので、本人に話を聞いてみたところ、岩井さんは「お金はある×お金はもらえる」という典型的なAタイプのお金のビリーフを持っていることがわかりました。子どもの頃から、「ほしいものは手に入る」「やりたいと思ったことはできる」と思ってきたといいます。

もともと、ご両親からお金や物事の価値についてもしっかりと教育を受けてきた岩井さんは、仕事をはじめ、自分で稼ぐようになってからは、それまで自分の中に眠っていた「お金に強い人」が開花したともいえます。

岩井さんは言います。

「私は、自分が価値あると思うものを共有できるクライアントと仕事をして、一緒に成長したいと思っています」

「そのために、しっかりと時間をかけてクライアントの支援もしているつもりです」

「だからこそ、その価値を理解してもらえるクライアントと付き合っていきたいんです」

自分はお金をもらう価値のある人間である、ということを自覚しているのです。

岩井さんは、仕事と家庭を両立する「ワークライフバランス」についても、自分なりの考え方を持っていました。

「私は家事が好きです。家族は人生の土台だから。家庭と両立できないような働き方をするのは本末転倒なので、仕事量は意識してコントロールするようにしています」

これも「お金に強い人」ならではのスタンスと言えるでしょう。

ーBタイプ（お金はない／お金はもらえる）**：西村有紀子さんのケース**

デザイナーの西村さんは、「母がいつも『お金がない、お金がない』と言っていました」と昔のことを振り返ります。

「父親は家にほとんどお金を入れない人で、家計を支えていたのは母親でした」

そんな状況でも西村さんの母親は、夏休みに実家に帰省するときは娘に綺麗なワンピースや靴、帽子を揃えてくれたり、習い事にはお金をかけてくれたそうです。

ところが父親が、西村さんの大学入学と同時に蒸発。母親から、

「お金がないのは不自由よ」

「男性に養ってもらっていたら、買い物するときや、出かけるときに、『買ってもいい？』『出かけてもいい？』と、いちいち許可をもらわないといけないわよ」

「だから経済的に自立しないとね」

と聞かされていたこともあって、経済的に自立する決心をしました。

まずは、自分で学費を払うために成績優秀者に与えられる奨学金を得て、首席で大学を卒業。学業の合間には、家庭教師、塾講師、イベントコンパニオンのアルバイトもこなし、学生時代には月30万円稼いでいたそうです。

「『うちにはお金がない』という感覚が、『私にはお金がある』という感覚に変わったのは高校生のとき」と西村さんは言います。

巫女さんのアルバイトに応募したところ、日給が1万円。年末年始働くだけで、高校生にしては大金を稼ぐことができ、「『お金はあるものなんだ』とスイッチが切り替わりました」といいます。

「成績がよければ奨学金がもらえるし、仕事でお客様に喜ばれれば、お金をいただくこともできます」

「オーダーメードのウェディングドレスを作り始めたのも、結婚式のとき、自分が着たいと思うシルクのドレスがなかったからです」

「きっと私と同じように悩んでいる女性はたくさんいるから、彼女たちが『着たい！』と思うドレスを作れば、喜ばれると思いました」

笑顔で語る西村さんは、ミス・インターナショナルのオフィシャルデザイナーも担当。今は、アーティストとして新たな活動も始められています。

「価値を提供すれば、お金があるところから、お金をもらえるようになるんです」

このように笑顔で語る西村さんは、やはり「お金に強い人」なのです。

ーCタイプ（お金はある／お金はもらえない）：みずがきひろみさんのケース

みずがきさんは中学生時代、「進学したい高校があったので、両親に希望を伝えたところ、学費が高いことを理由に断られた」という経験がありました。

兄弟が多く、妹さんの体が弱かったため将来かかる費用を考えると、姉であるみずがきさんの希望する高校の学費捻出が難しかったのです。

まさに、「お金はあるけれど、私にはそのお金はもらえない」というCタイプでした。

両親から言われたことに対し、みずがきさんは、「親の期待に応えるためには、兄弟を助けることができるような経済力を身に付けよう。それには、手に職をつけることだ」と思ったと言います。

みずがきさんは日本の証券会社に就職後、外資系金融会社に転職。証券アナリストとして活躍するかたわら、心理学を学びはじめました。

金融の世界は数字の成果で判断される世界。そのプレッシャーのせいで夫婦関係が悪化。心理学を学ぶことで、関係を好転させたかったのですが、離婚することに。

しかし、学びはじめた心理学が金融の仕事よりも面白くなっていったみずがきさんは、心理カウンセラーへと転身。好きな仕事をするなかで、再婚もしました。

「さまざまな経験をしたことで、働くことやお金を稼ぐことがどういうことかわかり、男性の気持ちも理解できるようになりました。だからこそ、今は夫の愛情をしっかりと感じることができます」と話すみずがきさんは、すっかりお金に強い人に変わりました。

「お金のビリーフが変わってから、私の人生は変わりました。**それまでは、妹の生活も『私が支援しなければ』と思っていましたが、妹のことを心から愛してくれる結婚相手が現れたんです。結婚して幸せそうにしている妹を見て、『私がすべて背負う必要はなかったんだ』と思えました。**今は、好きな仕事と大切な家族に恵まれて、私も毎日がとても楽しいです」

IDタイプ（お金はない／お金はもらえない）**：戸田美紀さんのケース**

父親はほぼ家庭におらず、母親は子どもにまったく関心を示さない、といったネグレクト状態の家庭で育った戸田さんは、両親が育児放棄をしていたため、子どもの頃から施設と学校を行き来する生活をしていました。

戸田さんが現実から逃れるために夢中になったのは「本」でした。

そんな暮らしに耐え続けた戸田さんは、高校卒業のタイミングを待ってアメリカに渡り、日本を脱出。帰国後は、ホテルマンとして働いたと言います。

戸田さんいわく、「私の育った家庭では、自分の価値というものをまったく認めてもらえなかった。でも、ホテルでは、はじめて自分の存在を認めてもらえた。そんな居心地のいい空間で働けることはとても幸せでした」

その後、親の介護をきっかけにホテルを退職。その間に結婚と離婚を経験し、食べていくのに困った戸田さんが考えたのは、もともと好きだった本の仕事に携わることでした。

「お金はないし、お金ももらえない」というDタイプのお金のビリーフを持っていた戸田さんは、「独立して自分で稼ぐなんてとんでもない」と思っていましたが、**離婚後、好きだったことで食べていこうと決めたときから、お金に強い人に変わったのです。**

ライターになり、自分で時間と仕事をマネジメントしながらフリーランスとして収入を得られるようになった戸田さんは、ライターのスキルを教えるライター養成講座も開講。

現在は、複数のライターを抱えるエージェント的な仕事もしています。

ちなみに、プライベートでも幸せな再婚をし、家族で年に2回のハワイ旅行を楽しんでいるとのこと。

思いどおりにならなかった子ども時代を過ごした戸田さんでしたが、自由に生きることを手に入れ、お金に強い人に生まれ変わることができたのです。

それだけではありません。今では昔の戸田さんのように、「自由に生きてみたい」と思う女性たちを支援する、大切な役割も果たしているのです。

――それぞれまったくタイプの異なる4人の実例を挙げましたが、じつは彼女たちには、共通点が3つあります。

1. 自分のやりたい仕事をする
2. お金をもらえる仕事をする
3. 自分には価値があると思っている

この3つのうち、とくに3番目の「自分には価値がある」という点は重要です。

そう思える環境に生まれた人もいれば、そう思えない環境に生まれたので、自分で新しい環境を見つけた人もいますが、少なくても大人になってからの彼女たちは「自分には価値がある」と思っています。

そのことが、自分にふさわしい場所や会社や人を選ぶことにつながり、お金に強い人として進むべき道を見定めているのです。

10 どんな境遇からでも、お金に強い人に変われる

「もらうビリーフ」を変えることが、お金に強い人になる第一歩

前項のエピソードで登場した4人の事例を見ると、一人一人にお金のビリーフができたお金の初体験があり、その後のお金の現実に影響していることがわかります。

ポイントは、お金の初体験から、どのビリーフを持っていたとしても、その後、お金に強い人のお金のビリーフに変えられる、ということ。

もちろん、彼女たちが今の幸せを手に入れたのは、学び、努力した成果ですが、スタート地点は、子ども時代のお金の初体験。それをきっかけに彼女たちは、お金に強い人への道を歩きはじめました。

私たちのお金のビリーフは、お金の初体験によってつくられます。

そのルーツは、親×子の関係からはじまり、学校の先生×生徒、クラブの先輩×後輩、彼氏×彼女、夫×妻、上司×部下――といった、すべての人間関係に投影されています。

愛されているか、認められているか、評価されているか、欲しいものをもらえるか、といったことは、あなたが「もらえる」と思っているか、「もらえない」と思っているか、つまり「もらうビリーフ」で決まります。

この「もらうビリーフ」を意識的に変えなければ、どこにいても、昔と同じような行動パターンを取ってしまうのです。その結果、同じような人間関係を持ち、同じ程度の愛され方、認められ方をし、今と同じお金の現実を手にすることになります。

つまり、**お金の初体験からつくられた「もらうビリーフ」を変えなければ、付き合う人や会社を変えても、お金の現実は変わらないことが多い**のです。

逆にいえば、「もらうビリーフ」を変えれば、同じ相手と接したり同じ会社で働いていていても、お金の現実も変わるのです。

過去を変えることはできませんが、未来を変えることは十分、可能です。
ビリーフを変えることで、人生を変えることはできるのです。
お金に強い人は、過去から自分を解き放ち、過去のつらい思い出もプラスに変えた人。
あなたもビリーフを変えれば、お金の未来を変えられるのです。

11 お金に強い人は、お金をもらうことに抵抗がない人

美人で頭がよくても「お金に弱い」と貧乏な男と付き合うハメに

「私はお金をもらえる」というビリーフを持つのか、それとも「私はもらえない」というビリーフを持つのか？

この選択によって、あなたの収入や資産、人生の豊かさも変わります。

「いや、『もらう・もらわない』というより、私は自分でお金を稼いでいます」という人もいるかもしれません。

大人になると、お金との関係は、稼ぐ、貯める、使う、増やすの4つなので、「お金をもらう」ということをすっかり忘れているかもしれませんが、基本的にお金はもらうもの。

相手が会社であれ、クライアントであれ、個人であれ、私たちは働いた報酬として、お

金をもらっています。稼ぐことだって、誰かからお金をもらうことに変わりありません。

つまり、**稼ぐ前に、あなたが「お金をもらえる」と思っているかどうかが、お金の現実に大きく影響をしている**のです。

「思っているかどうかだけで、お金の現実が変わるなんて信じられない」という人もいるかもしれませんが、それほど私たちのビリーフは強力です。

たとえば、あなたがどれだけがんばって働いたとしても、「お金をもらえない」というビリーフを持っていれば、努力に見合った報酬を得ることはできません。昇給アップを提案されても断ったりします。

「そんなバカなことはしませんよ！」と思うかもしれませんが、あなたのまわりにも、こんな人はいませんか？

優秀で仕事もでき、まわりからの評判もいいのに「貧乏ヒマなしだよ」と言いながら、悪い条件で働き続けている人や、昇進や収入アップのチャンスを前に怖気づいてしまう人。美人で頭もいいのに「貧乏な男性としか付き合えないの」と言って、経済的に不安定な男性とズルズルと付き合っている人…。

こういう人たちは、もっといい条件で働いたり、素敵な男性とお付き合いしたりできるにもかかわらず、

「私には、お金に恵まれるチャンスがめぐってくるはずはない」

「私にはそれに見合う価値がない」

という思い込みがあるために、自分からお金やお金のある人を遠ざけてしまっているのです。これが「お金はもらえない」と思っている人のお金のビリーフの正体です。

残念ながら、「お金はもらえない」というビリーフのある人は、どれだけがんばって働いても、努力に見合った報酬を得ることができません。

「そんなにお金をもらうことなんて、私には無理！」と、「お金をもらえない私」に合った現実を自分から選んでしまっている、ということになります。

だからこそ、今すぐ、

「私はお金をもらえる人」

「私はお金をもらう価値のある人間なんだ」

と決めて、あなたのお金のビリーフを書き換えることが、とても大切なのです。

「お金はもらえる」というビリーフを持っている人は、極論、知識やスキルがなくても、成果を出していなくても、もらえる人。まわりに大して何もしていないように見えるのに、「もらえる人」がいませんか？　彼女たちは「もらうビリーフ」を持っているのです。


今までのお金のビリーフは、飽きてしまった洋服と同じ。

「自分を変えたい」と思った今のあなたにはもう似合わないのですから、要らなくなったビリーフは潔く脱ぎ捨て、新しい自分にピッタリのビリーフを身にまとえばいいのです。

過去を変えることはできなくても、お金のビリーフを変えることで、人生を変えることはできます。

お金に強い人は、過去のつらい思い出をプラスに変えた人。

あなたもお金のビリーフを書き換えれば、いつからだってお金に強い人に生まれ変われるのです。

12 2ステップ式「お金に強い人」のビリーフに変わるワーク

本当の自分を取り戻すレッスン

「お金に強い人」になるために、まずやることは、今のあなたが持ってるお金のビリーフに気がつくこと。

そして、そのお金のビリーフが「なりたい自分」でないのなら、これからのあなたを「幸せにするお金のビリーフ」に変えていくことです。

お金のビリーフを変える必要があると思ったら、次の2ステップのワークをやってみてください。きっと、あなたもまだ知らない「本当の自分の心の声」にも気がつくことができるはずです。

WORK

STEP1

あなたの「子ども時代のお金のビリーフ」を知る

まずは、あなたのお金の初体験を思い出しましょう。12歳までの記憶がベターですが、思い出せなければ、20歳までのことを思い出してください。

それを次の問いにしたがって、思いつくまま自由にいくつでも書き出してみましょう。

Q1 あなたの「お金の初体験」は、どんな体験でしたか?

・

・

・

Q2 その体験から、あなたはお金や人生についてどんな考えを持ちましたか？

・

・

・

Q3 そのとき、あなたが信じたことや心に決めたことは、どんなことでしたか？

Q4 お金のビリーフ4タイプでいうと、あなたは子ども時代、どのタイプですか？

- □ 「お金はある」×「お金はもらえる」のAタイプ
- □ 「お金はない」×「お金はもらえる」のBタイプ
- □ 「お金はある」×「お金はもらえない」のCタイプ
- □ 「お金はない」×「お金はもらえない」のDタイプ

STEP2

あなたの「今のお金のビリーフを」知る

Q5

お金のビリーフ4タイプでいうと、今のあなたは、どのタイプですか？

- □ 「お金はある」×「お金はもらえる」のAタイプ
- □ 「お金はない」×「お金はもらえる」のBタイプ
- □ 「お金はある」×「お金はもらえない」のCタイプ
- □ 「お金はない」×「お金はもらえない」のDタイプ

Q6

子ども時代のビリーフから変化しているとしたら、どんな経験がきっかけで変わりましたか。その経験から、お金や人生に対してどう考えるようになりましたか？

Q7

そのとき、あなたが信じたことや心に決めたことは、どんなことでしたか？

[　　　　　　　　　　]

Q8

今のビリーフが子ども時代のビリーフと同じなら、Q3の信念や決意を持ち続けて、これから幸せになれると感じますか？ 変化しているなら、Q7の信念や決意を持ち続けて、これから幸せになれると感じますか？

YES ／ NO

Q9

「NO」と答えた人は、本当はどんな人生を望んでいますか？　どんな信念や決意をすれば、それを実現できると思いますか？

[　　　　　　　　　　]

これは、あなたのお金のビリーフを変えるのと同時に、自分の感情に素直になるためのワークでもあります。Q8がYESの人は今のままでOKです。NOの人にとっては、最後のQ9の問いに答えることには抵抗があったかもしれません。

いろいろなことをあきらめたり我慢していたりすると、自分の本音を吐き出すことに後味の悪さを感じるからです。

ですが、そこで感情をアウトプットするのをやめず、出し切ることができたら、あなたはお金に強い人が持っているお金のビリーフに、バージョンアップすることができたも同然。お金に強い人は、自分の気持ちに正直に生きている人だからです。

大切なのは、新しいお金のビリーフに今は違和感があっても、これからのあなたにふさわしくなるよう、自分になじませていくことです。

正直な気持ちになることを躊躇する必要はありません。

あなたは今日から、お金に強い人になるのですから。

第2章

time
時間

お金に強い人は、お金よりも時間を大事にする

01

お金を追いかけると、なぜ幸せは逃げていくのか？

「お金がある＝幸せ」が生んだ悲劇

私たちがお金を欲しいと思うのは、幸せになりたいから。

お金があればあくせく働かなくていい分だけ自由な時間も増え、やりたいことがたくさんできると思うからです。

オシャレな服を買う、友人と旅行に行く、親孝行をする、子育て用の貯金もできる――確かに、より多くのお金を稼げるようになれば、幸せを増やすこともできます。

ただ、**たくさん稼ぐことが、そのままあなたの幸せに直結するわけではありません。**

「お金さえあればなんでもできる」というお金の万能感のせいで、「お金はあればあるほどいい」と思い込んでいる人もいますが、がんばって稼ぐことが人生の質を上げているかどうか、しっかり見極める必要があります。

「バリバリ働いて、キャリアやポジション、収入もアップしたのはいいけれど、全然ハッピーじゃない。こんな人生を望んでいたわけじゃないのに……」と後悔している人たちに、私はコーチングの現場でたくさん出会いました。

彼女たちは、「お金さえあれば……」というビリーフにとらわれていたので、収入アップと引き換えに人生の質を下げてしまっていたのです。

お金は「人生という時間の質を上げるための道具」であり、目指すべきは「お金」ではなく「幸せな人生を過ごすこと」のはずです。

お金を稼ぐことにこだわったせいで、人生の質が下がってしまった残念なエピソードがあります。

アメリカのとある町に、繁盛しているホットドッグ・スタンドがありました。

絶品のおいしさを誇るホットドッグは、一人の老人によって、心をこめて毎日つくられていました。

焼きたてのパン、ソーセージとマスタードの風味は絶妙、ピクルスも歯ごたえも素晴らしく、このホットドッグを味わった客すべてが、「こんなに最高のホットドッグを今まで食べたことがない!」「ホットドッグがこんなにも旨いなんて!」と絶賛するほど。

新規の客は、大きな広告の看板を見てスタンドにやってきます。すると、老人が出迎え、にこやかな笑顔と陽気な愛想で接客をします。

おいしいホットドッグと老人のあたたかい接客態度が評判を呼び、その店はいつでも満員の客であふれ返っているのでした。

老人は、毎日忙しく、新聞や雑誌を読む時間もありません。でも、世間のことや新しい情報を知るより、おいしいホットドッグをつくることや客の喜ぶ顔のほうに老人の興味はあったのです。


そんなある日、久しぶりに老人の息子が帰省しました。

ハーバード大学に通いＭＢＡを取得していた息子は、父親の経営ぶりを見て驚き、まくし立てたといいます。

「なんてことなんだ、父さん！　世の中はひどい不景気だというのに！　すぐにコスト削減をしなくては、今に店が大変なことになりますよ」

と、持ち前の知識を活かして父親にアドバイスをしました。

広告の看板をはずし、接客の手間と余計な人件費はカット。食材も安く仕入れさせ、レシピも手間のかからない簡略化したものに変更するなど、すべて息子のアドバイスにしたがって、思い切ったコストダウンに踏み切ったのです。

「頭のいい息子のアドバイスなのだから間違いない」と、老人は息子のテキパキとした助言に感謝しました。

休暇が終わった息子は町を離れ、戻って行きました。

数か月後、ふたたび帰省したところ、かつてあれほど繁盛していた店はガラガラ。看板もないので立ち寄る客もゼロ。

老人は空っぽのレジに目をやりながら息子にいいました。

「まったく、お前の言うとおりだったよ。今まさに、不況のまった只中にいるんだ！」

「MBAを持っている人は偉い」というビリーフ

このエピソードは、ビジネスセミナーなどでも引用される有名な話です。「お金は追いかけると逃げていくもの」「ビジネスとは、相手の期待を上回る価値を提供することで成立するもの」「お金にこだわりすぎたせいで、人生の質を損なうこともある」といった教訓を含んでいます。

実際、老人も幸せになることを望んでコストダウンをはかったために、かえって失敗した、という結末を迎えました。

ですが、じつはそれ以上に、このエピソードにはもっと大事な教えがあります。それは、老人の持っていたビリーフです。

厳選された食材を使い、心をこめてホットドッグをつくり、愛情を持ってそれを売る。そして、おいしいホットドッグを食べた客は喜び、老人に「おいしかったよ」と感謝する——それが老人にとっては、何よりも幸せを感じる時間だったに違いありません。

この老人のお金のビリーフは、「お金をたくさん稼ぐこと」より「お店で過ごす幸せな時間」を優先すること。**自分の幸せな気持ちを大切にすることを実践し、**「お金より自分の幸せが大事」という、お金に強い人のビリーフを持っていたからです。

そんな老人の持っているビリーフの価値に気づけなかった息子は、いい感情があふれているお店や老人とお客の絆を守るより、交換の道具でしかないお金を稼ぐことにこだわりすぎたのです。

手仕事でホットドッグ屋を続けていたことが最高に幸せだった老人は、当時、もしも誰かが「お店を売ってください」ともちかけても、断ったはず。老人にとって、ホットドッグ屋とお金を交換することに、幸せを見出すことはなかったでしょう。

すっかり閑古鳥が鳴いているお店に変貌してしまったのが現実ですが、たとえコストダウンが成功して利益がさらに増えても、「あのころのほうがよかったな……」と過去を思い出して嘆く老人の声が、今にも聞こえてきそうです。

ところで、なぜ老人は「お金より自分が大事」という、お金に強い人のお金のビリーフを捨て、息子のアドバイスを信じたのでしょうか。

じつは、その答えはとても簡単なこと。老人にはもうひとつの「思い込み」があったからです。

それは、**「自分より、ＭＢＡを取得している息子のほうが偉い」**というもの。社会的なステータスがあり、一流企業で高給取りになれる資格。それがＭＢＡだったのです。

「ＭＢＡを持つ息子は偉くて、私はただの〝ホットドッグ屋のオヤジ〟でしかない」という思い込みから、いともたやすく、自分のお金のビリーフを手放してしまったのです。

ハーバードをはじめアメリカの一流大学では幸福の授業が人気です。

幸せになるためには、何がいちばん大切なのか。

それは、お金を稼ぐことだけでも、ＭＢＡ取得者のアドバイスに従うことだけでもないことはたしかなようです。

02 人生を幸せにする貯金、人生を後悔する貯金

1000万円の貯金を達成した2組の人生を分けるもの

「お金」と「幸福度」の関係について、エピソードをもうひとつご紹介します。
テーマは「貯金」です。
ひと口に「貯金」といっても、じつは2種類のタイプがあります。
「人生を幸せにする貯金」と「人生を後悔する貯金」というものです。

どちらも10年間で1000万円の貯金をした、Aさん夫婦とBさん夫婦がいます。
Aさんは、夫と2人で協力し合いながら、10年間で1000万円を貯めました。
お互いの給料を上手にやりくりしつつ、ときには節約しすぎて食生活が偏ってしまった

ことも。目標額に達成した今は、節約時代を思い出しながら、
「さすがにあのときは2人とも自然に痩せたよね。貯金ダイエットだね」
と夫婦で笑い合うこともあるそうです。

Bさんは夫と、やりたいことをすべてガマンして、10年間で必死に1000万円を貯めました。

海外旅行に行くたびに語学力のなさを実感していたので、「いつかは英語をしっかり学びたい」と思っていたものの、英語学校に通う学費もすべて貯金に回し、ついでに、海外旅行に行くのもあきらめました。グルメの夫は大好きだった外食を控えたといいます。

40代になって夢の1000万円を貯めた今、
「目標は達成したけれど、私のたち、30代はほぼ何もしないで終わったな……」
と虚しく感じるときがあるそうです。

金額でいえば同じ「1000万円」という大金ですが、AさんとBさん夫婦の1000万円には大きな違いがあります。

Aさん夫婦は貯金生活を思い出すと、少し楽しい気分になる「人生を幸せにする貯金」。

Bさん夫婦は貯金生活を思い出すと、自分の選択が正しかったのかどうか不安に思う「人生を後悔する貯金」。

あなたなら、どちらの10年間を過ごしたいですか？

未来の自分を幸せにするための貯金をしよう

もちろん、貯金すること自体、悪いことではありません。お金の備えがなければ手に入れられないチャンスもあるからです。

問題は、その貯金があなたを幸せにするかどうか。


それをじっくり考える必要があるのです。

ここが、お金に弱い人とお金に強い人の分かれ道ともいえます。

「貯金は自分の身を守るもの。将来、不安にならないために、何がなんでも貯めておかなくては」と思うのは、お金に弱い人。お金の貯まった通帳を見るたびに夢をあきらめた10年と、これから先、お金を失ってしまう不安で心がいっぱいになるからです。

一方、お金に強い人は、「貯金は将来やりたいことを実現するためのもの。10年の時間と毎月の貯金を、未来の幸せと交換するためにお金を貯める」と考えます。

お金の貯まった通帳を見るたびにこれから実現する夢に心がときめきます。「私はお金より価値がある」というビリーフがあるので、未来の自分の価値をさらに上げてくれる貯金に、時間とお金を使うのが楽しいからです。

つまり、お金に強い人が見ているのは「貯金額」ではなく「未来の私」。

その未来が実現したとき、今以上の幸せな時間を過ごすことができる。お金に強い人には、お金より自分を大切にするお金のビリーフが、しっかりと根付いているのです。

03 お金に強い人が年収の高い仕事を選ぶ理由

お金に強い人は「自分の幸せ」に時間を使っている

これまでのエピソードから見えてくること、それは「幸せになろうとしてお金を求めることに走りすぎると、むしろ幸せは逃げていく」ということでした。お金を得ようとすればするほど、幸福度は下がっていくものなのです。

ところが、矛盾するようですが、お金に強い人は年収の高い仕事を選ぶ傾向があります。「幸せになるためには、お金を稼ぐことにガツガツしない姿勢が大切だったはずでは?」と疑問に感じるかもしれません。あるいは、「お金に強くなくたって、年収は高いほうがいいに決まっている」と、ツッコミを入れたくなるかもしれません。

ですが、注目すべきは、「なぜ、お金に強い人が、年収の高い仕事を選ぶのか？」というその理由について。

じつは、お金に強い人は、「お金をたくさんもらえるから」という単純な理由で年収の高い仕事を選ぶのではありません。**自分が自由に使える時間を、少しでも多く手に入れたいために、年収の高い仕事を選ぶ**のです。

そう、お金に強い人になれるかどうかは、「時間の使い方」が重要なキーワードになっていたのです。

たとえば、時給1000円と時給2000円の仕事があったとします。

時給が2倍違うということは、お金が増えるスピードが違うということ。

「時給1000円の仕事」は、1時間働いて1000円もらえますが、時給2000円の仕事なら30分で1000円もらい、残りの30分を自由に使えるということになります。

短い時間で多くのお金を稼げれば、余った時間をほかのことに使い、幸せな気持ちでいる時間を増やすことができるのです。

……と、こんなふうに考えるので、お金に強い人は、自分の幸せを優先したいため、お金を稼ぐスピードが上がるような年収の高い仕事を選んでいるのです。

「自分には稼げない」という思い込みはビリーフの仕業

もしも今、「そんなことといっても、私には無理。今の収入の2倍も稼げるわけなんてないよ……」と、あなたが否定的に感じたとしたら、それはまさに今持っているあなたのお金のビリーフが作動したサインです。

自分よりお金を大切にしているために、「あなた自身」より「2倍の収入」の価値のほうが高いはずだ、と反射的に思ってしまった証拠です。

ここで重要なポイントになるのは、自分の価値を否定しないこと、ではありません。

頭に浮かんだ思い込みを打ち消そうとするよりもまず、**「私はお金のビリーフにとらわれてしまっていたから〝今より稼ぐなんて無理〟と思い込んでしまっていたんだ」という、心の動き方のクセに気づくこと**なのです。

「私には無理」と、あなたの言動にいつもブレーキをかけているのは、あなたの性格や環境のせいではなく、お金のビリーフのせいです。

お金のビリーフが次々としかけてくる巧妙なトラップに引っかからないよう、あなたが欲しい幸せに耳を澄ませ行動すること。それがお金に強い人になるためのコツです。

そこに気づくことができたら、次に、お金に強い人になるための時間の使い方や時間の考え方について詳しく学んでいきましょう。

04 お金に強い人ほど自分のためにお金を使う

もしも突然、お休みができたら何をしたい？

お金に強い人になるためには、まずは「時間の価値」を考える必要があります。

そのためには「時間」と「お金」を結び付けて考えてみましょう。

なぜなら、お金に強い人は時間を上手に活用することで、お金に振り回されず、自分らしい幸せな人生を実現しているからです。


ここで質問です。

明日、突然お休みできることになりました。

「1日、自由に使っていいよ」と言われた場合、あなたは何をして過ごしますか？

もちろん、時間の使い道は人によってさまざまでしょう。友人と遊びに行く人もいれば、家族や大切な人と過ごす人もいる。アルバイトをして1万円稼ぐこともできるし、ビジネスセミナーに参加してスキルを身に付けることも可能。

あなたは、どんな選択をしますか?

じつは、もっとも大切なのは、あなたがどんな選択をしたのかではなく、**「その選択をしたことにより、どういう気持ちになったか」**ということなのです。

私たちの人生を平均寿命の87年としたとき、与えられた87年という時間をどんな気持ちで過ごすかはとても重要です。

「なんて楽しい87年だったのだろう!」と思うか、「つまらない87年だったな…」と思うかによって、人生の価値は大きく変わります。

幸せは、生きている時間の長短ではなく、その人がどれだけ充実した楽しい時間を送れたかによるものだからです。

「時給」という言葉があるように、資本主義の世界ではお金がモノサシになりますが、幸福という観点からいえば、**時間の価値は、幸せな感情で満たされてはじめて生まれるものなのです。**

お金に強い人は、こんなふうに答える！

「1日、自由に使っていいよ」と言われたとき、お金に強い人はワクワクしながら、それぞれやりたいことを楽しそうに答えるはず。

お金に強い人は、自分が何に時間を使うと幸せな気持ちになるのかを、よく理解しています。そのうえで、人生という限られた時間を、できるだけたくさんの幸せに変えるためにお金を使います。

あなたは、どんなことをしているときに楽しいと感じ、ワクワクしますか？

楽しいと感じたり、ワクワクしたりする時間を幸せに思えるのは、あなたが自分らしく生きている証拠。幸せを感じる瞬間が増える分だけ、自分らしく生きる時間が長くなっていくのです。

お金に強い人は、**お金が「時間の質を上げるための道具」であることに気づいています。**

お金に強い人が持っている、時間に関するお金のビリーフは次の4つです。

1. お金より時間が大切
2. 幸せとは時間の質
3. 時間の質は感情で決まる
4. お金は時間の質を上げる手段のひとつ

この4つの心得を上手に使いこなしながら、「欲しいものを手に入れられるお金に強い人になる！」というスタンスで毎日を過ごしているのです。

「幸福を追求するため」のお金の使い方をしてる？

先ほどの「1日、自由に使えたら何をする？」という質問は、こんなふうに考えることができます。

友人と遊びに行ったり、家族や大切な人と過ごしたりすることは、あなたの人生の一部を人と過ごす楽しみと交換すること。楽しい時間を過ごすことができれば、「時間をうまく使えた」ということです。

アルバイトをして1万円稼ぐことは、人生の一部を1万円と交換すること。手にした1万円で、もし行きたかった旅行に出かけて心が満たされたなら、時間をうまく使えたことになります。

ビジネスセミナーに参加してスキルを身に付けることは、人生の一部を「収入アップやポジションアップした未来の自分」と交換すること。収入が上がってうれしい気持ちになれば、有効に時間を使えたことになります。

87年という人生の時間は、とどのつまりは「あなた自身」ということになります。

「時間＝自分」なのです。

お金より自分を大切にしようと思うなら、同じように、お金より時間を大事にすること。

そして、その時間をどうハッピーな気持ちで過ごすのかがより重要です。

私たちは、時間とお金を交換しながら生活をしていますが、お金を稼ぐのは目的ではありません。

本来は、「幸福を追求するため」にお金を稼いでいるにすぎないのです。お金にばかり目がいって、幸せを逃しては本末転倒でしょう。

あなたがお金に強い人になりたいのは、幸せになりたいからですよね。

つまりお金は、幸せな時間を増やすための手段のひとつです。

1. お金より時間を大切にする
2. お金より時間を大切にするために、幸せな感情で時間を満たす
3. そのためにお金を使う

この3つを実践することが、お金に強い人になるための時間との付き合い方なのです。

05

お金に強い人になるための「時間の使い方」

「お金は人が運んでくる」の本当の意味

お金は人が運んでくるもの――これは、お金に強い人の口ぐせのひとつです。

なぜ、お金に強い人のところには、次々と人がお金を運んでくるのでしょうか。

それは、お金に強い人は、いろいろな人から「あの人と一緒にいると、自分にとってプラスなことが多い」と思われているからです。

たとえば、こんな経験はありませんか?

・Aさんのグチをさんざん聞かされた
・Bさんの失敗談を聞いて大笑いした

・Cさんの失敗談では大笑いしたが、その後の成功談には学ぶところがあった
・Dさんの自慢話をさんざん聞かされた

AさんからDさんまで合計4人に会った時間が、それぞれ同じ1時間だった場合、あなたはどの人と「また会いたいな」と思いますか？

私の場合は、Cさんです。

Cさんのように包み隠さず、自分の失敗談を明るく語り、笑わせてくれる人との時間は最高に楽しいから。

しかも、失敗から得た成功談や教訓まで披露してくれるので、「なるほど、そうすれば失敗を挽回できるのか」と学びも得ることができます。

話が面白いだけでなく、相手にとって役に立つ情報をもたらしてくれるCさんは、私にとっては時間の質が高い人。そして、Cさんは間違いなくお金に強い人です。

Cさんのような人は、「今度、ランチに行かない？」「紹介したい人がいるから、ご飯食べに行こうよ」というように、まわりから声がかかりやすいもの。

会うと楽しいし、ためになることが多いので、「私の知り合いのCさんて面白い人だから一度会ってみて」と人の輪も広がっていくようになります。

すると、「今度、うちの会社のプロジェクトに参加してほしい」「今度、集まりがあるので、ぜひメンバーの前でこの前の話をしてもらえない？」などと、お金につながる縁ができたりします。

そればかりか「Cさんとウチの会社が組んでできることってないかな？」「どうせ買うならCさんから買いたいな」と新しい仕事の話が舞い込んだりするようにもなるのです。

つまり、Cさんは一緒にいると、まわりの人にプラスなことをもたらすような、お金に強い人なのです。

このことは、あなたがお金に強い人になるためにも応用できることです。というのも、お金に強い人も相手を選んで時間を使っているからです。

誰と過ごしても、同じ1時間には変わりはありません。だとしたら、「この1時間は、なんだったんだろう？」とムダに感じる相手と過ごすより、「もう1時間たったの？」と時間の経過があっという間に感じるような居心地のいい相手と過ごしたほうが、価値ある

1時間になると思いませんか？

ランチやお茶をする相手との「時間」に、自分にとってどれだけの価値を見出すことができるか。そこを意識することが、お金に強い人の時間の使い方なのです。

06 お金に強い人が実践している「自分らしく生きる」ためのヒント

あなたは今、どんなことに時間を使いたい？

一緒にいると、いい感情で満たされたり、自分のプラスになったりするような人と会うことが時間の価値を高め、お金に強い人になる、という話をしました。

では、あなた自身が「あの人と一緒にいたい！」と思われるような、お金に強い人になるためには、どうしたらいいのでしょうか。

じつは、答えはとてもシンプルなこと。今まで「私はいつもお金に振り回されているな」という自覚があった人でも、すぐに実践できる方法でもあります。

「自分らしく生きる」――これが、多くの人からいつでも一緒にいたいと思われる、お金に強い人になる方法です。

私たちは、自分らしく生きているとき、ポジティブな感情で満たされています。すると自然と笑顔になり、まわりの人まで楽しい気持ちになります。笑っている人を見ると、なぜかつられて笑ってしまうのと同じで、ハッピーな雰囲気は伝染します。

自分らしく生きている人を見ていると、「なんだか楽しいな」「素敵だな」「一緒にいたいな」などとプラスの感情がわいてくるものなのです。

もしも今、「自分らしさって、何?」「自分らしく生きる具体的な方法がわからない」という人でも大丈夫。身のまわりに起こる出来事で、あなたが好きなこと、ワクワクすることを想像してみてください。

もしくは、「今、どんなことに時間を使いたいか」を考えてみてください。

それが「自分らしく生きる」ためのヒントになります。

お金がかかっても「もったいないとは思わないこと」を探す

たとえば、仕事なら、仮説を立てて実験と検証するのが好きな研究者、散らかっているスペースが片づいていくのを見るのが気持ちいいと感じるハウスキーパー、モノづくりをしているときに充実感を味わうエンジニア、人に何かを教えるのが好きな教師、というように……。

仕事以外の趣味のこともあります。身体にいい和食のおかずを時間のあるときにつくり置きするのを楽しいと感じたり、お休みの日は家にこもって海外ドラマをひたすら観るのが好きだったり、ホットヨガのレッスンで思い切り汗を流すのが快感という人もいます。

お金に強い人は、本当に好きなことをして時間を過ごしている時間を、「自分らしく生きるため」と考えるため、多少のお金がかかっても「もったいない」とは思いません。

料理の材料費や海外ドラマのダウンロード代、レッスン費用を捻出することだって「好きだからお金がかかっても構わない」という思いがあります。

お金が減ってしまう不安より、「人生の質を上げてくれる時間が大切」というお金のビリーフがあるからです。

「自分らしく生きる」を実践するには、あなたが本当に好きなことをするのがいちばん。好きなことをしている時間は、あなたの幸せへの投資の時間です。

だからこそ、あなたにしかできない、あなたしか味わうことのできない、「好きなこと」が何かを考えてみてください。

その「好きなこと」をしているときこそ、あなたが最高に自分らしく生きている時間そのもの。自然とキラキラ輝くあなたに、まわりの人はいい感情を抱いているはずです。

お金に強い人は、幸せな感情で満たされるような時間の使い方を実践しています。お金を使うことがマイナスではなく、自分らしく生きるためにプラスになることを知っているからです。

お金に強い人だけが知っている「秘密の数式」

ちなみに、お金に強い人が大切にしているシンプルな数式があるのを知っていますか？

それは、「**人生の質＝いい感情×（私＋n人）×時間**」というものです。

たとえば、あなたが一人で映画を観に行って楽しめば、その時間はお金を使う価値のある幸せな時間であり、人生の質が上がります。家族や友人と一緒に映画を観てみんなで楽しむ時間を持てば、人生の質はさらに高くなっていきます。

そういうことを端的に示した数式です。

自分が幸せだと感じる生き方を見つけ、それに合った時間やお金の使い方を見つけることがいかに大切かを教えてくれるこの数式の生みの親は、第1章のエピソードに登場した有名な心理カウンセラーのみずがきひろみさんです。

今は「お金に強い人」として活躍している人でも、昔からお金に強かったわけではありません。お金のビリーフはいつからでも変えられるんだ、ということを私たちに教えてくれる心強いモデルでもあります。

好きなことをして、自分らしく生きる時間がどれだけたくさん持てるかどうか、それにより、あなたの人生の質は決まるのです。

07

書くだけでOK！お金に強くなる手帳術～時間の使い方編

アイコンを書くだけで毎日の「質」が上がる！

お金に強い人は、時間の使い方に工夫をしています。いつでもハッピーな気持ちでいられるような時間の使い方には、お金を使うことも惜しみません。それはムダ遣いではなく、自分らしく生きるための投資だと知っているからです。

今からお金に強い人になるためには、すでにお金に強くなった人の時間の使い方を参考にするのもおすすめです。

それには、まずは今のあなたの時間の使い方を知ることが先決。現状の時間の使い方のなかで改善できる部分を見つけ、お金に強い人が実践している時間の使い方を真似していけばOK。無理することなく続けることができ、気がつけば自然にお金に強い人の時間の使い方ができるようになっているでしょう。

お金に強い人の時間の使い方をマスターする方法は、いたって簡単。手帳を使ってアイコンを書いていくだけ、というものです。

たとえば、今、あなたが活用している手帳を開いてみてください。

おそらく、多くの人は仕事やプライベートの予定を書き込んで、スケジュール管理をしているのではないでしょうか。もちろん、それもおざなりにできない習慣です。

ですが、もしもお金に強い人になりたいのであれば、その手帳に「満足度」を示すアイコンを書き込んでいくようにします。

あなたが使っている時間が質の高いものかどうかを知るためには、あなたが感じた満足度を可視化していることが大事。

そこで、次のように満足度別にアイコンを書き入れていきます。3色ボールペンで書き分けると、後で見返したときにわかりやすいのでおすすめです。

・満足度が高かった時間　↓　赤色で（ニコニコマーク）
・不満だった時間　↓　黒色で（イライラマーク）
・満足も・不満もない時間　↓　青色で（無表情マーク）

手帳のタイプは、マンスリーがオススメですが、ウィークリーでもＯＫ。
はじめは1日に1つのアイコンを書き込むだけでもいいですし、慣れてきたら予定があるたびにアイコンを書き入れ、1日にいくつものアイコンが書かれるようになるのもいいでしょう。
とにかく、まずは1週間、3種類のアイコンを書き込んでみること。
そして、1週間後、アイコンが並んだ手帳を眺めてみてください。アイコンの割合が、今のあなたの人生の質を示しています。

・ニコニコマークが多い　↓　比較的、満足度の高い時間を過ごしています
・イライラマークが多い　↓　おおむね不満足な時間を過ごしています
・無表情マークが多い　↓　可もなく不可もない退屈な時間を過ごしています

より細かくチェックしたいなら、**【😊2H（映画鑑賞）】【😐3H（クライアントと食事）】**というように、アイコンの横に費やした時間を書き入れておきます。

1週間後に見返した際、それぞれのアイコンの時間数を計算して円グラフにすれば、あなたの使っている時間の質がどれくらいの割合になっているのかがひと目見てわかるようになります。

- ニコニコマークが7割以上 → 満足度の高い毎日を過ごしています
- ニコニコマークが6割以下 → 要注意。満足度が不足しはじめています
- ニコニコマークが3割以下 → 明らかに満足度が不足しています

さて、問題はここからです。

ニコニコマークが7割以上ある人は、すでにお金の強い人と同じように時間を使っているので、これからも同じような意識で時間を過ごして構いません。

ニコニコマークが6割以下だった人は、改善すべき時間の使い方があるというサイン。

お金に強い人になるためには、予定の入れ方を見直す必要があります。

たとえば、あまり乗り気ではなくお付き合いで参加する飲み会【☹2H】の予定は、「先約がありますので」と思い切ってキャンセル。その代わりに、ヨガの体験レッスン【☺1H】の予定を入れるだけで、自分のために時間とお金を使えたことになり、満足度も上がるはずです。

もしも、上司にお願いされた残業【☹2H】のようにキャンセルできないような予定が入った場合は、その分、夜カフェで読書【☺1H】など、自分の気持ちが満たされるような楽しい予定をどこかに入れて、ニコニコマークを増やすようにします。

目標は、イライラマークと無表情マークの中から、まずは全体の予定の3割を改善するよう実践してみましょう。


乗り気ではない飲み会に参加するより、楽しい予定に時間とお金を使ったほうが気分がいいことは明らか。浪費するお金と時間が減った分、自由に使えるお金と時間が増え、自分らしく生きられるなんて最高だと思いませんか？

お金に強い人は、毎日そんなふうにお金と時間を使う工夫をしているのです。

08 「時間がない」「忙しい」というビリーフの捨て方

「やらなければいけないこと」を疑ってみよう

お金に強い人は、「時間がない」「忙しい」という言葉をめったに口にしません。もちろん、お金に強い人だけが特別にヒマなはずはありません。時間が誰にでも同じだけ与えられているはずなのに、なぜ時間に追われることがないのでしょうか？

それは、**お金に強い人が、お金と同じように、時間に対しても主導権を握って毎日を過ごしている**からです。

つまり、今はまだお金に弱い人であっても、お金に強い人に変わっていくことで、時間の使い方もうまくなっていく可能性がある、ということです。

実際、このようなケースもありました。

以前、土曜日に開催しているセミナーに既婚者の女性が参加しました。そのセミナーは半年コースで毎月1回、計6回のセミナーコースです。

あるとき、「先生、セミナーにくるのも、じつはひと苦労なんですよ」と彼女に言われたことがありました。詳しく聞いてみると、セミナーに参加する日は朝5時に起きて、家族の朝ごはん、昼ごはん、晩ごはんをつくってから家を出るとのこと。

「時間に追われて、本当に大変なんです」とため息。

「ご飯をつくるのをやめて、ご飯代を置いてきたらいいんじゃないですか？」と私が言うと、「とんでもない！」という顔をされてしまいました。

その女性の悩みは、「仕事にもっと時間を使いたいけれど、家事に時間をとられてしまい、集中して仕事をする時間がない」というものでした。

ほかのメンバーからのアドバイスもあり、翌月のセミナーには家族のご飯を用意せず、お金を置いて家を出ました。

セミナーが終わって帰宅すると、彼女の予想に反して、「久しぶりに外食できて楽しかった」と家族から喜ばれたと言います。そこでやっと彼女も、自分の行動に気づき、「これで家事から解放されました」とうれしそうでした。

それからの彼女は、「家事の時間」から「自分のための時間」に少しずつシフトして、自由に使える時間を増やしていき、ついに念願だった自分の店をオープンすることになったのです。

じつは彼女のケースは特別な事例ではなく、私たちのまわりにも似たようなことはよく起こっているのです。

たとえば、作成するのがルーティンになっている書類もそう。実際には誰も見ず、活用もされていないにもかかわらず、なぜか「そういうものだから」と作成している書類はありませんか？

私の知人のビジネスマンも、同じことに気がついた人物のひとりでした。彼はあるとき、「誰も困らなかったら、作成しなくてもいいという証拠」と自分でルールを決め、思い切って長年の習慣になっていた書類作成をやめてみたと言います。すると、誰にも気づかれずに半年以上たちました。

「やらなければならない」というのも、ひょっとすると思い込みかもしれません。

本当に必要なことはなんなのか、省いても困らないことはどれなのか――こういった時間を減らせば、3割くらい時間をカットすることはできるものです。

こうして減らした時間の分だけ、自由に使える時間を増やせたら、その増えた分の3割の時間をニコニコマークに変えていけばいいのです。

生きているかぎり「やらなければならないこと」はゼロにはできませんが、減らすことは可能です。「やらなければならないこと」に疑問を持つ↓必要なこと以外はしない、という小さな繰り返しの行動で、あなたの毎日の時間の使い方は間違いなくうまくなっていくのです。

09 幸せもお金も増える時間の使い方

お金に強い人の時間の使い方、お金に弱い人の時間の使い方

手帳にアイコンを書き入れると、仕事時間やスキルアップの時間にニコニコマークが多かった人もいるでしょう。そんなあなたはお金に強い人です。

1. 時間を楽しい仕事という幸せと交換し、
2. その時間をお金と交換し、
3. 手に入れたお金を学びという楽しい時間と成長に交換し、
4. その成長を仕事で活かしてさらに楽しい時間を手に入れ、
5. 収入アップを手に入れる

お金に強い人は、幸せもお金も生む時間の使い方をしているので、どんどん魅力的になり、豊かになっていくのです。

一方で、お金に弱い人は、

・幸せが続かないことに時間を使う
・お金を生まないことに時間を使う

と浪費ならぬ「浪時（ろうじ）」をしてしまいます。

・幸せを感じることに時間を使う
・お金を生むことに時間を使う

これがお金に強い人の時間の使い方。

時間は、あなたの人生の一部。つまり、あなたの命です。
お金は、その命の一部と交換して得たもの。
お金に強い人になることは、命を大切にする人になる、ことなのです。

第3章

money
お金

お金に強い人は、お金をこう使う

01 お金に強い人は、お金と健康的に付き合っている

お金に弱い人の「お金の使い方」の共通点

お金に強い人は、なんとなくお金を使うのではなく、目的を持ってお金を使っています。お金に強い人は、お金を使っても、お金が減って嘆くより、自分の価値が高まることをうれしく思います。

では、お金に強い人は、具体的にどんなふうにお金を使っているのでしょうか。

本章では、お金に強い人が実践している「お金の使い方」について説明しましょう。

お金に弱い人の多くは、お金の使い方にいくつかの共通点があります。

たとえば、次のようなことです。

□たいして大きな買い物をしているわけでもなく、外食ばかりしているわけではないのに、なぜかいつもお金が足りない
□人間関係のストレスや仕事のイライラを解消するために、パーッとお金を使うこともあるが、心はスッキリ晴れず、むなしさが残る
□贅沢な暮らしをしているつもりはないのに、いつまでも貯金が目標額に届かない

もしも、こうしたことに心当たりがある人は、お金の使い方が不健康な証拠。今すぐ、お金の使い方を見直す必要があります。

なぜなら、お金に強い人は、お金を健康的に使っているからです。

じつは、お金に強い人が無理なく貯金を続け、収入を上げていくのは、持っているお金の「健康度」が高いからにほかなりません。

お金に強い人が、持っているお金の増減に一致一憂せず、自分らしい人生を実現できるのはお金の健康度が高いから。幸せを味わうには健康な体が不可欠なように、経済的な幸

福を味わうにもお金の健康が不可欠なのです。

お金の健康診断をしよう！

では、「お金の健康」とは具体的にどのようなことを言うのでしょうか。

お金の健康度を測るには2つの視点が必要です。

ひとつは、経済的健康度。これは自分のお金の収支が黒字か、赤字かを「数字」で判断します。

もうひとつは、感情的健康度。これはカテゴリーごとの支出に対して、自分がどう感じているかを「感情マーク」をつけていくことで判断します。3章の126ページで時間の満足度をチェックしたのと同じ要領で、レシートに感情マークを書き込めば支出の満足度が一目瞭然です。

通常、ファイナンシャル・プランナーはお金の収支しか確認しませんが、お金は幸福と交換してはじめて価値が出るもの。支出の満足度をチェックすることは、今のお金の使い方があなたの幸福につながっているかどうかを判断するのに最適な方法です。

そして、この経済的健康度と感情的健康度の組み合わせにより、相対的なお金の健康度は次のような4段階に分けることができます。

【レベル1】お金に強い人：経済的には黒字×感情的にも黒字
↓お金もあって、心も満たされている人
【レベル2】ややお金に強い人：経済的には黒字×感情的には赤字
↓お金はあるが、お金を自分の幸せのために使えていない人
【レベル3】ややお金に弱い人：経済的には赤字×感情的には黒字
↓お金はなく、今のところは満たされているが、将来が不安な人
【レベル4】お金に弱い人：経済的には赤字×感情的にも赤字
↓お金はなく、今幸せを感じるどころか将来まで不安な人

「感情的に黒字」は幸福度が高い、「感情的に赤字」は幸福度が低いという意味です。
今はレベル2〜4でも、「経済的」と「感情的」という2つのアプローチからお金の健康度上げていくことで、レベル1のお金に強い人になることは可能です。

シンプルに言えば、お金に強い人は、次の2つにお金を使います。

・幸福度があがり、持続することにお金を使う
・知識やスキル、資産、定番で価値の上がるブランドバックなど、経済的価値が上がるものにお金を使う

一方で、お金に弱い人は、次の2つにお金を使います。

・一時的な幸福や一時的なストレス発散のためにお金を使う
・購入した瞬間に価値が下がるブランドものなど、価値の下がるものにお金を使う

幸福度と価値が時間とともに増える、または持続するものにお金を使うのがコツです。

今のレベルが2～4でも大丈夫。これから説明するポイントをおさえれば、お金の不安もなく、幸せで満たされる毎日を過ごせるようになります。

早速、経済的健康度と感情的健康度を上げるコツをそれぞれ見ていきましょう。

02 お金に強くなるコツ①「経済的健康度」を上げる

シンプルな数式で自分の総資産を知ろう

はじめに、今のあなたのお金の使い方がどのくらい健康的か、とてもシンプルな数式にあてはめて算出しましょう。

純資産＝収入−支出

たったこれだけのシンプルな数式です。それぞれの単語の意味は次のとおりです。

［純資産］自由に使えるお金

［収入］月収＋株などの月額配当収入・不動産収入
［支出］１ヶ月の生活費＋家や自動車などのローン金利など毎月の借金の返済額

では、ざっくりでいいので自分に当てはめて計算してみてください。

純資産［　　　円］＝収入［　　　円］－支出［　　　円］

このように、１ヶ月の収支で把握するとわかりやすいです。この計算結果は、今のあなたの「お金の使い方の成績表」になります。

お金に強い人は、純資産がプラスになっているはず。経済的には、黒字ということになります。

お金に弱い人は、純資産が0かマイナス。経済的には、トントンか赤字ということになります。

気をつけたいのは、あなたの価値は「収入がどれだけあるか」ではなく、収入－支出の残額である「純資産がどれだけあるか」で決まる、という点です。これにより、**得たお金**

を上手に使えているかどうかがハッキリわかるのです。

これこそが、お金に強い人になるためのファーストステップ。自分がどんなふうにお金を使っているのかを数字で正確に知ることがスタートです。

念のため断っておきますが、これはあくまで「お金」という切り口で判断したときの成績表であって、人間性を表すものではありません。もちろん、人としてあなた個人のすべての価値を表しているわけでもありません。

計算結果を見てやたらとテンションが上がったり、極端に落ち込んだりしたら、それはお金に弱い人であることの証明です。成績表の数字に、一喜一憂するのはお金に弱いビリーフに振り回されている証拠だからです。

これから幸せな人生を楽しむ準備をするために冷静に自分の成績表と向き合いましょう。

しっかり整理すると、お金は増える

お金に強い人は、お金が「ほしいものと交換するための道具」であることを知っています。

お金そのものに価値を見出すのではなく、お金は自分の求めているものと交換する力を持つ道具であって、それ以上のものではない、と思っています。だからこそ、「道具より人間」、「お金そのものより、好きなことができる私」のほうが価値が高いと思うビリーフを持っているのです。

よく「お金がない」という悩みを聞きますが、お金がないことは「ほしいものと交換するための道具がない」と言っているのと同じ。道具がないことで、不安になる気持ちもよくわかります。

ですが、たとえ道具がなくても、今あるものを交換するための道具に変える力さえあれば、簡単にお金を手にすることができるようになります。お金に強い人は、交換能力の高い人とも言えるでしょう。

注目すべきは、この章の冒頭でお金に強い人とお金に弱い人のお金の使い方の違いで見たように、「交換能力に雲泥の差がある」という点です。

お金に強い人は、まずは自分の持っているものを整理することからはじめます。手持ちのアイテムを整理して、見込みのありそうなものだけを選びます。自分の強みを把握しないままでは、より価値の高い道具と交換することができないのを理解しているからです。

反対に、お金に弱い人は、手当たり次第、アイテムを選ばずにとにかく早く道具に変えようと焦ります。その結果、質のよくない道具としか交換できず、ほしいものが手に入らない、という残念なことになってしまうのです。

現実的なお金の話でも同じことが言えます。

お金に強い人は、「とりあえず、お金を増やしたいから」という焦る気持ちから、耳当たりのいい儲け話に乗ったり、安易に副業をはじめたりすることはしません。

まずは、今あるお金をきちんと整理して、「どの部分をどうやって活用すれば、今よりもっと価値の高いものを手にすることができるか？」を考えることからはじめているのです。

お金に強い人が、お金の整理がうまく、ムダな出費を価値あるものに変えていくことができる理由はそこにあります。

お金に強くなりたいなら「ざっくり家計簿」をはじめよう

今あるお金を増やすためには、お金を整理することが先決。それには、まず家計簿をつけて数字に強くなる必要があります。

こう聞くと、「家計簿をつけるのって苦手」「ためしてみたことはあるけれど、1ヶ月も続かなかった」と思うかもしれません。実際、あなたが想像する以上に、家計簿をつけることに対して苦手意識を持っている人は多いものです。

ですが、家計簿こそ「収入－支出」からあなたの純資産を割り出す絶好のツール。家計簿をつけることが、お金に強い人になる近道なのです。

家計簿をつけないのは、鏡も見ずに、すっぴんで外出するようなもの。何も努力をしようとしないで、魅力的な女性になれるはずがありません。お金に関しても同様、数字に強くなる基本とも言える家計簿をつけずに、お金に強い人になることはできないのです。

私は仕事柄たくさんの女性のマネー相談に乗ってきました。

その経験から言えることは、**9割の女性が家計簿をつけたけれど、途中で続けることができなくなった「挫折経験者」。その理由は「真面目すぎる」からです。**真面目な人ほど、お金をきっちりと管理しようと、1円単位まで正確に記録しようとします。

ですが、仕事や家事、育児やプライベートに忙しい女性にとって、細かく家計簿をつけるような時間的余裕のある人はほとんどいないのも事実。そこまで真面目に記録する必要はないのです。

家計簿をつける本来の目的は、1円単位の間違いもない完璧な家計簿をつけることではありません。「収入－支出」、つまり、お金の収支を把握することにあります。そして、その後それを手がかりにして、マイナスの人はプラスに向けて、経済的自立をするために動き出すことです。

だからこそ、お金に強い人が実践しているように、**「ざっくり大枠を把握するように家計簿をつける」**というスタイルで十分。大切なのは、いつでも今ある自分のお金の収支を知っておく、ということ。それが、経済的健康度を上げるコツなのです。

03

お金に強くなるコツ②「感情的健康度」を上げる

幸せになる「お金の使い方」で人生の質を上げる

私たちは心を満たすためにお金を使います。

欲しかったバッグや靴を買うときにワクワクするのは、満たされたお金の使い方をしているため。お金に強い人にとっても同じことが言えます。

お金に強い人は、自分を幸せにするお金の使い方をすることで、ムダな出費を抑え、自然にお金が増える習慣を身につけているのです。

そもそも、私たちはお金を使う際に、感情がともなうものです。

「今月、こんなに使って月末まで足りるかな?」といったお金の収支が黒字か赤字かを考えるだけではなく、「これが自分のものになるなんてうれしい！」「私、このお買い物にこんなにお金をかけてもいいのかな？」といった感情が動くのではないでしょうか。

ところで、こんな経験はありませんか？

ずっと欲しかった30万円の高級バックを買った後、帰りに立ち寄ったスーパーマーケットの特売品を手に取りながら「今日はお金を使いすぎたから、食費は抑えなきゃね」などと、いつもより10円安いキュウリを買ったり、半額セールになったお惣菜をカゴに入れて「ちゃんと節約できる私ってえらい！」と思ったり……。

金額で考えれば、「30万円の出費」と「数百円の節約」なので、お金の収支はまったく合いません。ですが、「たしかに出費はした＝でも、その後でちゃんと節約もできた」というように気持ちの上でのプラス・マイナスはゼロになり、なぜか「感情の収支」は合ってしまいます。

これも、お金を使うときに感情が動いているサインです。

ほかにも、「収入は高いのに、貯金がない」という人も、感情がキーワードになっていることが多いケース。こちらは、感情のバランスが崩れていると言っていいでしょう。

たとえば、「安定した仕事につくために夢を諦めて今の仕事に就いた。そのおかげで収入はいいけれど、仕事のストレスが多く、ついついストレス発散でお金を使ってしまう」というのがこのパターンです。

こういうケースの場合、一見、「たしかに収入も高いが、ストレスもある＝でも、その分お金を使ってたまったストレスを発散させている」というように感情の収支が合っているように思えます。お金の収支と感情収支のプラス・マイナスをゼロにして、心の安寧を保っているのかもしれません。

ですが、実際にはお金を使っても心にたまったストレスは解消できるものではありません。一時的に感情の収支がゼロになったとしても、いずれリバウンドが起こり、「私は、なんのために働いているのだろう？」などと、ストレス発散のための浪費をぶりかえしてしまいます。収入が増えたとしても、ストレスがたまる根本的な原因となる感情収支は赤字のままなので、浪費癖も治りません。

これでは、誰が見てもお金の感情的健康度は低い状態と言えるでしょう。

お金に強い人は、お金を使うときの自分の気持ちを大切にしています。

「このお買い物は、本当に私を幸せな気持ちにする？」「この食事代は、本当に私を満たしてくれる？」「このセミナーは、本当に私の価値を高めてくれる？」――そんなふうに、自分の心の本音に耳を澄ませることを習慣にしています。

その結果、「お金は使ったけれど、心はむなしいまま」といった浪費を防ぎ、自分の気持ちを満たしながら、同時に自分の価値を高めるようなお金の使い方ができるようになるのです。これが「お金の感情的健康度を上げる」ということです。

あなたも今日からお金を使うとき、「このお金は、私を幸せにするもの？」と心のなかで自問自答してみてください。「イエス」と答えることができれば、お金の感情的健康度が上がっている証拠です。

お金を生み出す「お金の使い方」

お金に強い人は、お金を生み出すような「お金の使い方」をしています。

たとえば、仕事が楽しくて、スキルアップのために本を買って読んだり、セミナーに行ったりするのが楽しい人は、仕事にお金を使っている人です。

この場合、その人が使っているお金は満足感を得るだけでなく、収入も生み出しています。

あなたが料理をつくって友人に振る舞うのが好きなら、その料理の材料費は幸福感を生み出すお金です。

そして、友人から「今度教えて」とお願いされ、教えてあげたお礼にお菓子をもらったとしたら、あなたが使ったお金は幸福感とお菓子を生み出したことになります。

経済価値に換算すれば、お菓子の代金はあなたが生み出したお金です。

じつは、これこそがお金に強い人のお金の使い方です。

・幸せだと感じることで収入を得る
・幸せだと感じることにお金を使い、そのお金がお金を生み出す彼女たちの家計簿をみると「お金の出入り」が一致しています。料理にお金を使い、料理を通してお金が入ってきていたら、お金の出入りは一致します。

あなたにも同じことが当てはまるのなら、あなたにはお金に強い人の素質がすでにある証拠。あとは、そのお金を増やしていけばいいのです。

一方で、自分が使っているお金が、まったく満足感に結びついていないと気づき、ガッカリした人もいるかもしれません。

その場合、まず必要なのは、あなたを幸せにしていない支出が何かを家計簿から明らかにし、それを減らしていって最終的にはゼロにする。そうすればムダだったお金が浮いてきます。浮いたお金を、自分の幸せのために使えばいいのです。

家計簿をつければ、あなたにとっての幸せがわかるはずです。

お金に弱い人の状態では、

・幸せだと感じられない仕事で収入を得る

・ストレス発散のためにお金を使う
・そのお金は幸せもお金も生まない
と、お金がなくなるスパイラルにはまってしまいます。

でも、お金に強い人の状態になれば、
・幸せを感じる仕事で収入を得る
・得たお金を幸せだと感じることに使う
・そのお金がさらに幸せとお金を生み出す
と、お金も幸福も増えるスパイラルに入れるようになります。
彼女たちは豊かさのスパイラルをつくるために、数字だけなく感情にもしっかりと向き合っているのです。

04 経済的には赤字、感情的にも赤字の「お金に弱い人」が生まれ変わるまで

お金もなく、将来も不安なMさんのケース

収入に関係なく、「お金に強い人」か「お金に弱い人」かは141ページの4つのレベルに分けて考えることができます。

目指すべきは、経済的にも感情的にも黒字のお金に強い人。お金に強い人は、お金の不安もなく、心も満たされています。

もっとも残念なのは、経済的には黒字なのに、感情的に赤字な人。お金に強い人になれる可能性が一番高いのに、そのチャンスに気づかず、逃しているからです。

お金に弱い人はごく一部の珍しい人たちではありません。意識しているかどうかの差はあったとしても、多くの人がお金に弱い人と言ってもいいでしょう。

ですが、もしも今のあなたがお金に弱い人であっても、この先、お金に強い人になることは夢ではありません。

ただ、それにはいくつかのポイントがあり、それを学んでいく必要があるのは事実。そこで、ここからは実際にお金に弱い人だったにもかかわらず、お金との付き合い方を見直すことで、今ではすっかりお金に強い人になって幸せな毎日を過ごしている女性、Mさんのお話をします。

Mさんがどういう部分をどんなふうに見直すことによってお金に強い人になったのかは、多くの人の参考になるはず。ひとつでも真似できるところから、ためしてみてください。

｜Mさんのケース（40代・派遣社員）

都内に住んでいるシングルマザーのMさんは、現在、娘を育てながら、派遣社員として働いています。

東北出身のMさんは「実家から早く出たい」と思い、高校卒業と同時に上京。「たいした取り柄もありませんでした」と控えめに話すMさんですが、上司の期待に黙々と応え、勤務10年目には、女性社員の中でもっとも評価されるようになりました。

年収500万円を得ていた彼女は、「仕事をちゃんとこなしていれば、新しい仕事も任せてもらえるようになります。いろいろな人にも会えて楽しいです」「仕事を通じて新しい経験ができるのも刺激的でした」と言います。

プライベートでは、もともとMさんには結婚願望がありませんでした。お付き合いした人はいたものの、「一緒に暮らしたい」と思うことはなく、同棲も未経験。過去にプロポーズをされたこともありましたが、「別に結婚という形にとらわれることはないのでは？」というMさんの考えを貫き、独身生活を楽しんでいました。

ところが、Mさんが35歳のとき、妊娠したことに気づきました。それまで「結婚」という選択肢がなかったMさんですが、生まれてくる子どものことを考えて結婚を決断。働き方についても決断を迫られることになりました。

「もともと私は仕事にのめり込むタイプ。なので、このまま正社員を続けて仕事と子育ての両方を頑張るか、子育てに専念するために派遣社員として働くか、とても悩みました」

Mさんは自分の性格のことも考え、「正社員と子育ては両立できない」と思い、正社員を辞めて、派遣社員として働くことに決めました。

子育てを優先し、派遣社員として働きはじめたものの、結婚1年目には夫婦関係がギクシャクしはじめて、6年前に離婚。

離婚をきっかけに経済環境は悪化。みるみるうちに生活が苦しくなり、養育費と児童手当で収入を補いながらなんとか生活していました。

「せめて年1回は娘を旅行につれていってあげたい」
「娘の大学資金の準備もしてあげたい」
「でも、日々の生活に余裕がなく、貯金が全然できない」

当時のMさんは、まさに「経済的にも赤字、感情的にも赤字」のお金に弱い人でした。
そんなお金に弱いMさんは、自分自身と娘の未来を変えるために、私のところへお金の相談に訪れたのでした。

05 ４ステップ式　お金に強い人に生まれ変わる「お金の整理術」

自分に合った「貯自固変」の正しい割合を知ろう

お金に強い人に生まれ変わるためには、まずは家計簿をつけるところからはじめます。
Ｍさんにも家計簿をつけてもらい、見せてもらったところ、次のような状況でした。

収入は、月の手取り22万円＋元夫からの養育費４万円＋子ども手当３万９４５０円で、合計29万９４５０円。支出は28万７５４０円なので、手元に残るのは１万１９１０円。
収支はギリギリの状態です。

純資産［１万１９１０円］＝収入［29万９４５０万円］－支出［28万７５４０円］

貯金ゼロ家計や赤字家計を改善する際には、その人が持っているお金のビリーフを変える必要もあります。ですが、まず解決するべきは「お金の整理整頓」という課題です。無駄な支出があれば明確にする。それを貯金に回し、人生の選択肢を増やすことが先決です。

そこで、Mさんの「支出」を詳しく見て、お金の整理整頓をしました。

お金の整理整頓は次の順番で見ていきます。

[ステップ1] 貯蓄（財形貯蓄、積立投信など）
[ステップ2] 自己投資（本、セミナーなど）
[ステップ3] 固定費（住居費、通信費、光熱費など）
[ステップ4] 変動費（食費、交際費、美容代など）

「支出の最初に貯蓄？」と思われるかもしれませんが、強制的に貯蓄を支出に入れることで、計画的に安定した貯蓄ができます。貯金をしくみ化するための手段として考えてください。これを実行することで、「自由に使える純資産」を増やすことができます。

経済的にも感情的にも赤字のMさんの家計簿

項目			金額	備考
収入	手取り		220,000	
	養育費		40,000	
	子供手当		39,450	
	ボーナス		0	
貯蓄				
支出	自己投資	yoga月会費	3,240	
		講座	10,000	
	固定費	家賃	117,000	
		水道・光熱費	10,000	
		通信費	14,000	電話、携帯（親子）、タブレット
		交通費	20,000	
		保険料	0	
		教育費	11,000	
		駐輪場（自宅）	1,000	
		駐輪場（駅）	1,800	
	変動費	食費	45,000	
		外食・交際費	5,500	
		日用品	5,000	
		服飾費・美容費	9,000	
		その他	5,000	
		auwalet返済	30,000	

年収　3,600,000円

月収入合計　299,450円

月貯蓄合計　0円

自己投資　13,240円

固定費合計　174,800円

変動費合計　99,500円

支出合計　287,540円

収入－支出＝　11,910円

また自己投資という項目は聞きなれないかもしれませんが、今は平均寿命が延びていて、人生100年時代と言われていますので、自己投資にお金を使い、自分磨きやスキルアップをしていくことは必須です。

ポイントは、必ずこのステップ1〜4の順番で整理をするということ。これがお金の整理整頓の鉄則です。理想の割合は「2：1：4：3」。

ただ、支出割合は世帯人数や家族の状況、世帯年収により変わりますので、左ページの表を見て、あなたの目安となる支出割合を参考にしてください。理想は「2：1：4：3」ですが、現状できることからこの目安となる割合まで、まずはやってみることです。

シングルマザーのMさんの場合、**「貯金に1割」「自己投資に1割」「固定費に5割」「変動費に3割」**が現実的。目標となる支出の具体的な金額は、次のようになります。

・貯蓄：2万9945円
・自己投資：2万9945円
・固定費：14万9725円
・変動費：8万9835円

目安となる支出割合

[独身OL]

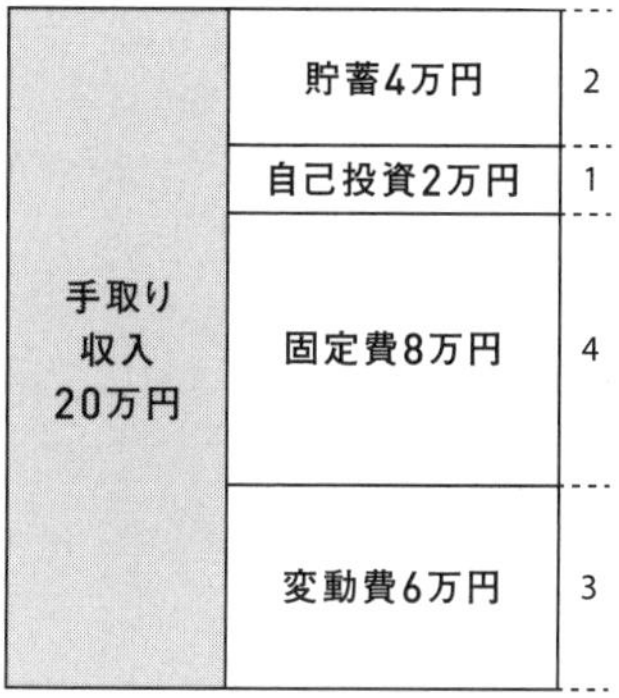

理想の割合「2:1:4:3」ができる

[夫婦共働き・子どもなし]

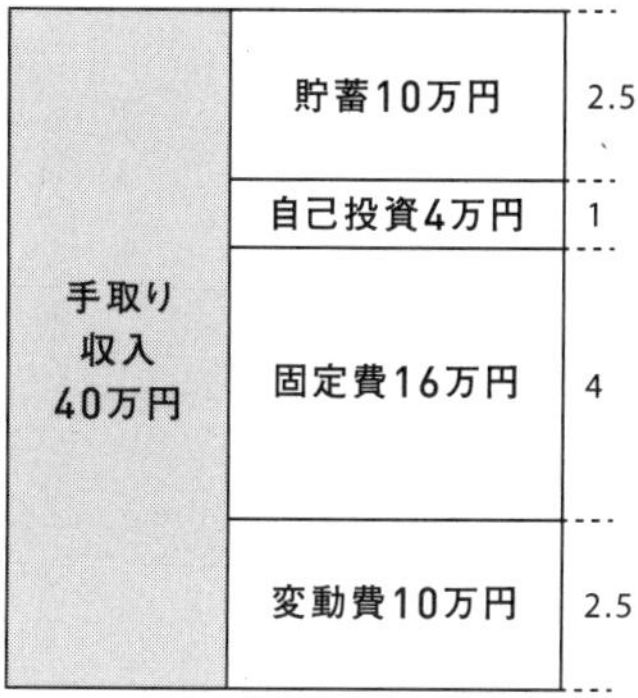

子どもがいない場合、理想より多く貯蓄ができる

[夫婦共働き・子ども2人]

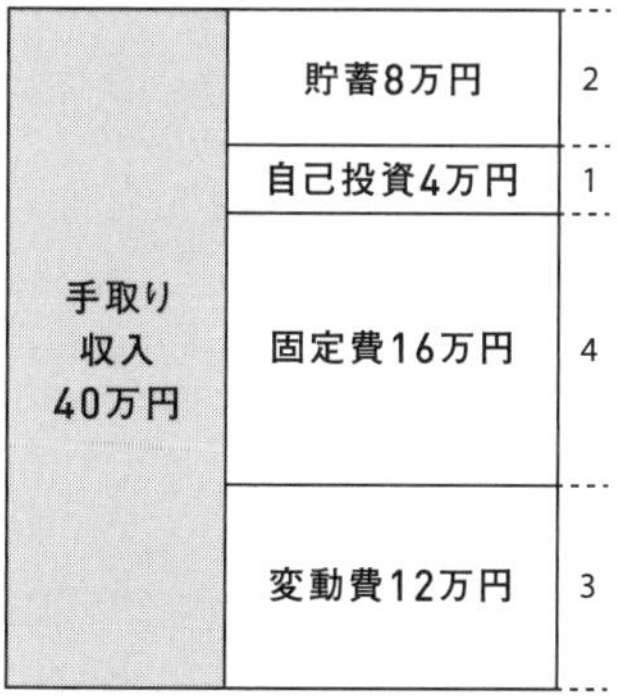

夫婦共働きの場合、子どもがいても理想の割合を維持できる

[シングルマザー・子ども1人]

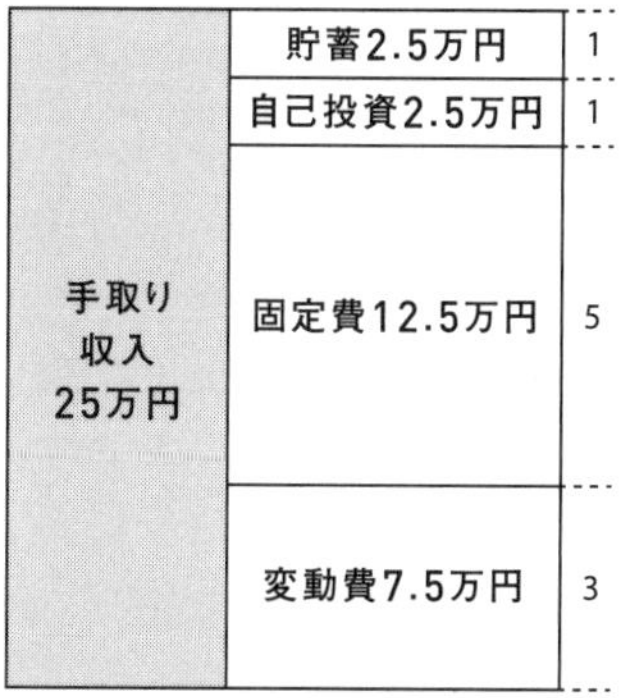

収入はあまり多くない場合が多いが、貯蓄と自己投資は確保したい

理想の支出額と現実の支出額を比較すれば、何にお金を使いすぎ、何にお金を出し惜しんでいるために、お金に強い人になれないのか、その理由がひと目でわかります。

Mさんのように、赤字ギリギリの人はもちろん、赤字で、貯蓄や自己投資ができないのは、お金に弱い人。貯蓄はできても自己投資ができていない人や、自己投資はできているのに貯蓄ができていない人も、やはりお金に弱い人と言えます。

ポイントは、いずれの場合も収入の金額の多少は関係がない、ということ。自分に合った理想の割合で支出ができているかどうかが、お金に強い人になる秘訣です。

06 お金に強い人のお金の使い方①「住居費」を見直す

「するべき節約」と「しなくていい節約」がある

前項でご紹介した支出の割合にしたがって、記入した家計簿を見ていくと、明らかに「ここにお金を使い過ぎているな」という支出の改善ポイントがわかるようになります。

Mさんの場合は、住居費にお金を使い過ぎていました。

シングルマザーの固定費、14万9725円に対して、現在の住居費は、11万7000円。固定費には住居費のほかに、各種ローンの返済費用や光熱費、学費や通信費といったものも含まれるので、今のままでは理想の支出を大幅に上回ることになってしまいます。

Mさんの家計簿で最初に見直すべき部分は、「住居費の支出を減らす」ということになります。そのためには、今より家賃の低い家に引越しをする必要があるのです。

ところが、Mさんが収入の割に、高い家賃である今の家に住んでいることには、とある理由があったのです。それは、子どもの頃に持っていたお金のビリーフにも関係していました。

子どもの頃に持っていたMさんのお金のビリーフは、「お金はない・もらえない」というDタイプでした。

7人兄弟の6番目として生まれたMさんは手のかからない子どもでした。彼女が家庭で気をつけていたのは親に迷惑をかけないこと。「1つ年上の兄が、親にとても迷惑をかけているのを見て育ったので、『私は一人で頑張っていこう』と思っていました」と言います。「これが欲しい」「あれがしたい」と言わずに育った彼女は自然と我慢強くなり、「今でも自分の気持ちを言葉にするのは苦手です」と話します。

さらに、生まれ育った場所は、地域の人たちの干渉が激しい土地。Mさんは中学生の頃には、そんな環境が嫌になり、「早く家を出て自由になりたい」と思うようになりました。当時のMさんは、家庭にも地元にも、自分の居場所を見出せなかったのです。

だからこそ、大人になったMさんが欲しかったのは、自分だけの居場所や自分が自由に使える時間といった、自分を大切にできるスペース。Mさんは、ほかのどんなことよりも優先して、長い間ずっと居心地のいい場所を求めていたのです。

お金に強い人になるために覚えておいてほしいことのひとつに、「節約」に関することがあります。世の中には、「するべき節約」と「しなくていい節約」の2種類が存在する、ということです。

たとえば、Mさんの場合、住居費を節約するためには、「もっと貯金ができるように、家賃の低い家に引っ越しましょう」が正解。ですが、これはあくまでも経済的な収支を黒字にするための手段でしかありません。子どもの頃からの夢だった、自分の居心地のいい場所を手に入れるための支出を削ってまで、希望ではない住まいに引っ越したところで、はたしてMさんは幸せを感じるでしょうか。

その人の**幸福度が下がるような節約は「しなくていい節約」**と言えるでしょう。

そこで、Mさんには「安い家賃の家に引っ越して貯金できる『幸せ』と、貯金額は減るけれど今の家に住み続ける『幸せ』。どちらの『幸せ』がいいですか?」とたずねました。

するとしばらく考えて、Mさんは答えました。

「今より収入を得ることができたら、今の家に住んだままで貯金もできるでしょうか?」

じつは、Mさんは上京してはじめてお世話になった就職先の会社社長の影響でヨガの魅力に夢中になり、インストラクターの資格まで得ているとのこと。すでに、今の家のオーナーからも、屋上でヨガのレッスンをする許可も受けていると言います。

つまり、ヨガを教えて収入を得るための、スキルと環境が揃っている、ということになります。Mさんは、本意ではない節約をするより、自分の収入を増やすことで、理想の生活をキープできないか、と考えたのでした。


経済的に黒字であることも大切ですが、同じくらい大事にしたいのが感情的にも黒字であること。もちろん、その人によってどんなことに幸せを感じるかは千差万別です。

Mさんの場合はそれが「家」だったこともあり、幸せを感じることにお金を使いたいという気持ちを優先して、ひとまず住居費の支出を減らすことは後回しにして、ほかの支出項目を検討することにしました。

07 お金に強い人のお金の使い方②「通信費」「食費」を見直す

携帯電話は「契約の見直し」、食事は「楽しい節約プラン」を

家賃以外の項目をみると、Mさんが贅沢をしているわけではないことがわかります。ただ、多くの人がそうであるように、携帯電話の料金に代表される通信費や、毎月の支出額に変動がある食費や日用品。美容費やレジャー費などの変動費は「するべき節約」の対象になるものです。

Mさんの場合、携帯電話を新しくしてちょうど2年の契約が過ぎたところなので、タイミングよく格安スマホに切り替えることにしました。すると、これまで月額1．4万円かかっていた通信費を、1万円に減らすことができました。

変動費については、いろいろあるなかでもとくに食費に注目しました。ポイントは、「楽しみながら節約できるかどうか」。苦しい節約は続きにくいですが、楽しい節約になれば、経済面でも感情面でも黒字になるだけでなく、長く続けることができるからです。

Mさんは、娘と一緒に買い物に行き、予算を決めて1週間分の食材を購入して「つくりおき生活」をためしたところ、「娘が『とっても楽しい！』と喜んでくれたんです」とのこと。これなら続けられる、と判断したのでした。

その結果、ひと月に4万5000円かかっていた食費を3万円まで減らすことができました。通信費と合わせれば、約2万円分もの節約ができたことになります。

変動費を見直すポイントはほかにもあります。とくに、クレジットカードを支払いに用いている人は注目です。クレジットカードは、いくら使ったか把握しにくいために、つい使い過ぎてしまうということが起こりやすいものです。

Mさんの場合、食費以外の変動費のうち、3万円がクレジットカードの支払いでした。「クレジットカードは、あまり使わないようにしています。ですが、それでも修学旅行費や帰省代、マンションの更新料など予想外の支出があって、現金が足りなくなると、便利なクレジットカードで支払いをしてしまうこともあります」とのことでした。

たしかに、学校行事や家電の故障など、特別費と呼ばれる予想外の支出は必ず出てくるもの。問題は、特別費に対応できるような貯金をしていないために、いつもクレジットカードで対応してしまっていることです。

似たようなことに心当たりがある人は、今後は、特別費も含めて貯金を考える必要があるでしょう。

08
お金に強い人のお金の使い方③
「ボーナス」「養育費」「手当」を見直す

「相手次第ではもらえなくなる可能性のあるお金」は貯金に回す

よく、「どのお金を、どれだけ貯金に回せばいいのかわからない」という質問を受けることがあります。この質問に対して、わかりやすい考え方をひとつ、おすすめします。
それは、「相手次第ではもらえなくなるお金を貯金に回す」というものです。

たとえば、ボーナスも当てはまります。ボーナスは、勤めている会社の業績によって、金額が変動するもの。たくさん支給されるときもあれば、ゼロのときだってあるはず。だからこそ、ボーナスをあてにして先に何かの費用にあてて使ってしまうことがないようにしたいもの。

ボーナスは、はじめから貯金に回すことにして、いざという時の出費のために準備しておくのが正解です。

お子さんがいる場合に支給される、子ども手当についても同じことが言えます。生活費の足しとしてすぐに使わずに、子どもの将来の学費などのために今は貯蓄をしておきたいお金です。

離婚の際に取り決めがあった場合の養育費も、ボーナスや児童手当と同じように貯金に回したいお金です。

Mさんの場合、シングルマザーなので、収入の中に養育費の４万円が含まれています。毎月、定期的に入ってくるお金なので「使ってもいいかな」と思ってしまいがちですが、養育費も相手があってのこと。相手の状況次第では、いつ入金が滞るかわかりません。最初から「なかったもの」として、貯金に回しておくほうが精神的にも安心できるでしょう。

Mさんの状況では、貯蓄の目安は収入の１割の２万９９４５万円ですが、このようにして見直すと、Mさんの場合は７万９４５０円（養育費４万円＋子ども手当３万９４５０円）は本来、貯蓄に回したいお金です。この額を貯金に回せば、収入の2割以上の貯金ができるようになります。

もともと毎月の家計の収支は1万1910円のプラスでした。そこに、節約できた1万9000円（通信費4000円＋食費1万5000円）を足した金額を、貯金に回したい額の7万9450円から差し引くと4万8540円。

この差額の4万8540円をヨガで稼ぐことができれば、貯金をしながら現在の家に住み続けるという希望が叶うわけです。

そうすれば、今も楽しみながら、将来も安心できる貯蓄ができるので、真にお金もあって心も満たされるお金に強い人になることができるのです。

09 お金に強い人がやっている「3分割」貯金術

貯金を3つに分ければ、お金の悩みから解放される

「貯金」と聞くと、「いくらくらいしておけば安心か?」と言うように、その金額を気にする人が多いもの。ですが、じつは貯金が増えるポイントは、貯める金額の大小ではありません。「どうやって貯めるか?」という、貯金の方法にコツがあったのです。

お金に強い人は、次のように3つに分けて貯金をしています。

[短期貯金] 普通預金
[中期貯金] 財形貯蓄、定期預金
[長期貯金] 資産運用のできる金融商品

このように、「短期貯金」「中期貯金」「長期貯金」という時間軸で分類した3つの方法で貯金をすると、お金の不安や悩みがなくなるのです。
具体的に、それぞれの貯金の内容を説明します。

┃短期貯金（1年以内に使うお金）

修学旅行費や帰省代、年払いの保険料や車検代、冠婚葬祭、家電の故障など予期しないことで出費が生じるときに活用します。あらかじめ、特別費専用として貯金を準備しているため、「また、予想外にお金を使ってしまった」「突然のことでお金が足りない」といった、お金のやりくりの失敗感や罪悪感を味わわずに済むのもうれしい点。いつも使用している口座ではなく、「やりくり用」として別の普通口座を設けておきましょう。

┃中期貯金（1～10年以内に使うお金）

住宅購入の頭金やリフォーム代、車の買い替え、子どもの学費、自己投資の準備に使うお金として活用します。銀行口座から自動積立をして、自動的に別口座にお金が貯まるようにしておくと、年月とともに貯金額が増えていくことになります。「どうしてもお金が足りないときは、使ってもかまわないお金」と思っておくと、精神的にも安心できるでしょう。

ｌ長期貯金（10年以上先に使うお金）

中期貯金として貯めたお金をすべて使ってしまったとしても、長期貯金があれば、老後も安心して暮らせる貯蓄を手に入れることができます。毎月のお金のやりくりが厳しいと、つい将来のお金のことを考えるのを先送りにしがちです。ですが、長期の場合、時間を味方につけられるので、リスクを軽減した資産運用ができます。ですから、中期の貯蓄と同時に、長期の貯蓄もしておくことが重要です。

貯金の目的は、子どもの教育費や老後の資金など、将来的に必要になるであろうお金を今のうちから準備しておく、というもの。ですが、こうしたお金をひとつの場所に貯金しておくと、いざというとき、それを引き出して使っていいかどうかの判断ができなくなる人が多いのも事実。現実的に、日常生活では急な出費もあるため、予定どおりに貯まらないこともあるでしょう。すると、「せっかく貯めたお金なのに、こんなことで使ってしまった……」と、失敗感や罪悪感にとらわれて、お金に弱いビリーフを強化することにもなりかねません。

そのためにも、お金に強い人が実践しているように、3分割式で貯金をしておくことで、お金の健康を経済的にも感情的にも保つことができます。3つに分けて貯金をしておくと、将来のお金の不安が軽減されるだけでなく、罪悪感なく自由にお金を使うことができるようにもなります。

貯金をはじめるのに、収入の多い、少ないは関係ありません。「貯自固変（2：1：4：3）」に従って、2割の貯金を3つに分けるだけでOKです。

ちなみに、Mさんの家計は毎月約3万円（もとからのプラス約1万円＋通信費&食費で節約できた約2万円）の余裕ができたので、それぞれ1万円ずつ、次のように分けました。

［短期貯金］普通預金（利回り0・01％）

［中期貯金］財形貯蓄、定期預金（利回り0・1％）

［長期貯金］資産運用のできる金融商品（利回り3～7％）

ヨガで月に5万円の収入を得られるようになれば、毎月約8万円の貯金ができるようになり、今の家に住むこともできます。期限は1年。1年後までにそれだけの収入を得られなければ、今は幸せでも、将来、経済的に困ってしまうリスクがあるからです。

Mさんいわく、「短期と中期のお金は使ってもいいので気持ちが楽になりました。さらに長期貯金をはじめたことで、「ちゃんと貯めているから大丈夫」と安心感を得ることもできました」と言います。3分割式貯金をはじめたことで、すっかり気持ちに余裕が生まれ、ヨガレッスン開催に向けて走り出しました。

10 「貯金したいけどできない」を解決するたったひとつの方法

お金に強い人は「期限」を決める

「貯金したい気持ちはあるのに、なぜかできないんです」――お金のセミナーをしていると、こんなふうな悩みを打ち明ける女性に大勢出会います。

貯金をしたいのにできないことを嘆く女性たちの本音を聞いてみると、「貯金が大切なのはわかっているけれど、不自由になるのは嫌だ」「節約を気にしすぎて、ストレスが溜まってしまう」というもの。貯金をしながら今と同じような生活を続けていく自信がない、といったところでしょうか。

そんな彼女たちに、私はいつもこう言います。

「期限を決めれば、もっと自由になりますよ」と。

お金に強い人が、お金を増やしたり使ったりすることに主導権を握ることができ、好きなことを次々と実現していくのは、すべて期限を決めているから。「いつまでに、こうしよう」と期限を決めれば、そこから逆算して今日やるべきことが自動的に決まります。後は、流れに乗ってそのままゴールまで運んでもらえばいいだけなので、不自由を感じることなく目標を達成することができるのです。

たとえば、「3年で100万円を貯める」という期限を決めるとします。すると、「いつかは貯金をしなくては」と心苦しく思っていたプレッシャーからは、すぐに解放されるでしょう。貯金の目標額と期限を決めた後は、自動的に貯金の口座に毎月2万8000円、流れていくことが決定したので、もう貯金のことで悩まずに済むからです。

期限を決めさえすれば、行動も自然とシンプルになります。

たとえば、貯金に回したお金を除いた分は、あなたが自由に使えるお金です。ですが、もしもその自由に使えるお金の予算がオーバーした場合に、友人からお誘いがあっても、

「今回はパスで！」と迷わずに言えるのではないでしょうか。自分自身で期限を決めて貯金をはじめたことにより、ない袖は振れないことがあなた自身にハッキリわかっているため、迷うスキはないからです。

貯金をすると決めた人は、「そんなことしなくても、どうにかなるよ」というの周りからの声にも揺らぎません。友人が豪遊しているのを見ても「私は今は貯金をする時期だから」と揺らがない。「なりたい自分」がはっきりしているからです。

期限を決めているから、自由なのです。気持ちが揺らぐのは決めていないから。

あなたがなかなか決められないのは、「なりたい自分」がないからかもしれません。

じつは、かつての私もそうでした。5000万円の借金を背負い、人生が追い込まれるまで、決断できない女でした。あなたには、そんな苦しい経験をしてほしくありません。

だから、あえて言います。

自分自身で決めれば自由になれる。お金に強い人になりたいと思えば、期限を決めて貯金をはじめられる、と。

お金に強い人は、自分にとっての幸せや「なりたい自分」を知っています。だから、誰かと幸せを比べて迷ったり、揺らいだりすることがないのです。

11 お金に強い人に生まれ変わる「家計簿」ワーク

「理想の家計簿」で未来の自分を描く

お金に強い人の「お金の使い方」に近づくためのワークをご紹介します。

これは、あなたがお金に強い人になったときの「理想の家計簿」です。お金に強い人になった自分を想像しながら書き入れていきましょう。

【STEP1】

お金に強い人になったあなたの収入はいくらでしょうか？
その収入は、どんな仕事をして得たお金ですか？
投資信託、株や不動産など資産から得た収入も入っているでしょうか？

【STEP2】

次はお金の使い方です。

その収入でどんなものを買っていますか？
どこで、どんな家に、住んでいるでしょうか？
インテリアは、どんなテイストでしょうか？
着ている洋服はどんなブランド？
ネイルやヘアスタイルはどんなスタイル？
毎日の食事は、どこで、誰と、どんなお料理を？
旅行にはどのくらいのペースで、どこに行っていますか？
そんな生活をしているあなたは、どんな表情をしていますか？
家族がいるなら、パートナーや子どもたちは何にお金を使いたがっているでしょうか？
彼らはどんな表情をしているでしょう？

具体的なイメージがつかめたら、それぞれの項目に使いたい金額を記入しましょう。

トータルで支出はいくらになりましたか？

計算が終わったら、「2：1：4：3」の基準に沿って各項目の予算を書いてください。

予算内でしょうか、オーバーしているでしょうか。オーバーしていたら、他の項目と調整して予算内に収めるか、収入を増やす方法を考えましょう。

■［STEP3］

理想の家計簿を見ると、どんな気持ちになりますか？

嬉しい気持ちになる人もいれば、「でも無理だよな」と思う人もいるかもしれません。「無理かな」と思ったら、それもお金のビリーフの仕業。気にすることはありません。

まずは、自分をお金のビリーフから解き放ち、「私はお金に強い人になる！」と今、決めることが大切です。

どんな気持ちになったとしても、この家計簿は、あなたの本来あるべき、家計簿の姿。あなたの中にお金に強い人がいるからこそ書けるのです。お金に強い人を目覚めさせるかどうかは、今日からの行動次第。未来は、あなたの手の中にあるのです。

理想の未来を手に入れる家計簿

項目			金額	備考	
収入		手取り			
収入					年収　円
収入					
収入					
収入					月収入合計　円
収入		ボーナス			
貯蓄					
貯蓄					
貯蓄					
貯蓄					月貯蓄合計　円
支出	自己投資				
支出	自己投資				自己投資　円
支出	固定費	家賃(住宅ローン)			
支出	固定費	水道・光熱費			
支出	固定費	通信費			
支出	固定費	交通費(車代含む)			
支出	固定費	保険料			
支出	固定費	個人年金			
支出	固定費	教育資金			
支出	固定費				
支出	固定費				
支出	固定費				
支出	固定費				
支出	固定費				固定費合計　円
支出	変動費	食費			
支出	変動費	外食・交際費			
支出	変動費	日用品			
支出	変動費	服飾費・美容費			
支出	変動費	その他			
支出	変動費				変動費合計　円
支出	変動費	特別費			支出合計　円

第4章

work

仕事

働き方を変えれば、
お金の不安はなくなる

01 「働き方」を見直すと、お金に強い人に変わる

お金に強い人は「働くこと＝イヤなこと」ではない

「正直な話、仕事は苦痛または退屈。できれば働かずに生活していきたい」
「でも、その苦痛や退屈な時間を耐えることが、お金に変わるのだとも思う」
「だから、お金を得るためには、苦痛だったり退屈だったりするけれど、今の仕事を続けるしかない……と思っている」

もしも、こんなふうに思っているなら、お金に弱い人のビリーフにとらわれている可能性があります。

なぜなら、「仕事の時間＝苦痛な時間」といった思い込みがあると、誰でも「働くのがイヤだな」と思ってしまうものだからです。

私たちは「イヤなこと」に対するモチベーションやスキルは、なかなか上げることができません。そのため、集中力がキープできなかったり、いざというときに「頑張り」がききにくくなってしまったりするのも事実。すると、思ったとおり成果が出せず、まわりからの評価も今ひとつ。その結果、ボーナスや昇給のチャンスを逃してしまうことにもつながり、収入を増やすことも難しい……といった悪循環を招きやすくなります。

お金に弱いビリーフにとらわれていると、働き方にまでマイナスの影響を及ぼすことになるのです。

なぜ、好きな仕事をするとお金が貯まるのか？

仕事について質問すると、たいてい次の2つのパターンに答えが分かれます。

ひとつは、「仕事＝やりたいこと」という回答。

もうひとつは「仕事＝やらなければならないこと」という回答です。

あなたはどちらのタイプですか？

お金に強い人は、**「仕事＝やりたいこと」と思っています**。「やりたい仕事でお金を得る」

というライフスタイルを実現するために、「やらなければならないこと」を実行していきます。

つまり、「やらなければいけないこと＝やりたいことの一部」と、とらえているのです。やらなければならないことは、やりたいことの実現につながることだと思えるような、目の前の仕事のその先に、「なりたい自分」のためのもっと大きな目標を持っています。

好きな仕事をすれば仕事時間は楽しくなるので、ほかのことに使う時間を減らし、仕事時間を増やそうとします。すると仕事が増えるので収入が上がりますが、使う暇はないのでお金は貯まっていく。

お金に強い人にとっては、「仕事が増える＝やりたいことが増える＝お金も増える」ということ。だからこそ「もっと働きたい！」になるのです。

「収入－支出」をいつでもプラスにする考え方

お金に強い人になるためには、「働き方」を見直すことも重要です。

というのも、お金に強い人になるためには、「収入－支出」というシンプルな式で表される答えの数字をプラスにすることが基本。プラスになった数字をいかに大きくしていくかによって、「どれだけ自由に生きていくお金が増えるか」が決まるからです。

「収入－支出」の額を増やしていく方法として、「収入を増やす」「節約する」「副収入を稼ぐ」よりも格段に大切にしたいことがあります。

それは、「ずっとやり続けたい」と思う仕事をすることです。収入を増やしたり、節約や副収入によって一時的に収入が高くなったりしたとしても、持続力がなければやがて元通りになってしまいます。お金に強い人になるためには、「収入－支出」の額をいつでもプラスにしておくこと。それが、この先もずっとお金に対して不安にならずに済む秘訣でもあるのです。

では、実際にどんなふうに働くことで「収入－支出」の額をプラスにし続けられるのでしょうか。

本章では、いつまでも「収入－支出」の額をプラスにし続けられるような、お金に強い人の働き方について説明していきます。

02 今日からお金に強い人の「仕事のビリーフ」に変わるコツ

まずは、今持っている「仕事のビリーフ」を見直す

お金に強い人は、いつでも「収入−支出」の額がプラスの状態で安定しています。職場や仕事が変わっても「収入−支出」の額がプラスでいられることがわかっているので、将来のことを考えた場合でもお金に関する不安はありません。

なぜ、お金に強い人は、いつでも「収入−支出」の額がプラスになるような働き方ができるのでしょうか。

じつは、答えはとてもシンプル。お金に強い人は、「好きな仕事」をしています。お金に強い人は、「ずっと働き続けたい」と思うような、自分が楽しめる仕事や好きな仕事を

しているのです。

「楽しいな」「幸せだな」と感じられる仕事の時間を増やし、その時間でお金を生む――それが「お金に強い人」の働き方です。

そもそも、私たちが健康的に働き続けるためには、楽しくてやりたい仕事を見つけることがベスト。楽しみながら働けるような、好きな仕事をすることは、現実的な意味で、経済的にも健康的にもとても大切なことなのです。

では、どうすれば、お金に強い人のように楽しみながら働けるのでしょうか。

それは、運やタイミング、コネのあるなしではありません。極端な話、スキルアップや上司へのゴマスリといった本人の努力でもないのです。

たったひとつ、お金に強い人の働き方をするためには「仕事のビリーフを見直す」だけでいいのです。

お金に強い人は、お金に強くなる仕事のビリーフを持っています。お金にビリーフがあるように、仕事にもビリーフがあるのです。

03 お金に強い人になるために、「仕事のビリーフ」を見直そう！

あなたの仕事のビリーフはどっち？

最近では好きな仕事を選ぶ女性も増えてきましたが、全体で見ればまだまだ少数派です。なぜかというと、仕事や働き方にもお金のビリーフが影響しているからです。

お金は仕事で稼ぐもの。お金と仕事は直結しています。そしてお金にビリーフがあるように仕事にもビリーフがあります。たとえば、次の2種類の考え方があります。

A. お金は汗水垂らして働いて手に入れるもの

B. お金はお金に稼いでもらうもの

あなたなら、どちらのビリーフが幸せですか?

これらはそれぞれ、職人と資産家の仕事のビリーフの一例です。

「自分が働かないとお金を稼げないのはお金の奴隷。お金にお金を働かせてこそ、お金から自由になれる」と書いている本もあるので、Bのビリーフのほうが A のビリーフを持つより良い感じがするかもしれません。

確かに、「働くこと=不自由」というビリーフを持っている人からすれば、それは当てはまるかもしれませんが、「働くこと=楽しい」という人にとっては、これはまったく当てはまらないでしょう。

イチロー選手や50歳になっても現役で活躍するサッカーの三浦知良選手が、「あなたと同じ能力を持つそっくりなアンドロイドにプレーさせれば今と同じだけの年棒を稼げる」と言われたとして、YESと言うでしょうか?

おそらく答えはノー。プレーする喜びが奪われるからです。経済的自由と幸福は必ず両立するわけではありません。

「お金は汗水垂らして手に入れるもの」×「仕事は楽しい」というビリーフを持っている職人は毎日楽しく働いています。顧客からの無理な注文がくると、「今こそ私の腕の見せ所！」と張り切る職人もいるくらいです。

反対に、「お金は汗水垂らして手に入れるもの」×「仕事は苦痛」というビリーフを持っていると仕事は強制労働になります。「1日でも早くこの牢獄から抜け出したい」という気分になるでしょう。

あなたには1億円以上の価値がある

「お金はお金に稼いでもらうもの」というビリーフについても同じことが言えます。

「お金はお金に稼いでもらうもの」×「仕事は楽しい」という資産家はハッピーです。

しかし、「お金はお金に稼いでもらうもの」×「仕事はつまらない」というビリーフを持っていると人生は退屈で退屈で仕方がないものになります。

資産家の子どもたちの中にはこのビリーフを持っている人もいます。彼らは働く必要がありません。株や不動産、特許などの資産が十分なお金を稼いでくれるからです。「うらやましい！」と思うかもしれませんが、何をしていいのかわからず、時間を持て余している人もいます。

時間の使い方がわかっている人は、芸術活動やボランティアなどに精を出して充実した毎日を過ごしていますが、やりたいことがない金持ちは毎日することもなく、退屈な日々を過ごしています。空いた時間を充実した時間と交換する力がなければ、時間とお金を持て余すだけなのです。

今の仕事を辞めて、生活するのに十分なお金があったとして、あなたは毎日8時間、やりたいことがあるでしょうか？　それを10年楽しく続けられるでしょうか？

思いつかなければ、お金に弱いビリーフのせいで、目の前の仕事から解放されたいがために、お金を退屈な時間と交換しようとしているだけかもしれません。投資をはじめた人の中には、仕事中も株価が気になり、社内での評価が下がってしまった人もいます。

今は低金利の時代。1億円を定期預金に預けても利率は0・15％です。1年で15万円にしかなりません。利率1％でも100万円です。一方で、時給1000円で1日8時間、20日働けば16万円。年間192万円です。投資という観点から見れば、あなたは1億円の何倍もの価値がある資産なのです。

お金に強い人は、自分の価値を知り、人生の質を上げるためにお金と時間を使いこなしています。だからこそ、彼女たちは好きな仕事を選ぶのです。

あなたの仕事のビリーフは「親の働き方」が影響している

ところで、今のあなたが持っている仕事のビリーフをつくるきっかけは、どこにあったのでしょうか？

じつは、多くの場合、仕事のビリーフも、お金のビリーフ同様、親の働き方に影響されていることが多いのです。親が楽しそうに働いている姿を見ていた人は「仕事は楽しい」、そうでない人は「仕事は大変」と、無意識に思い込みやすくなります。

子どもにとって、親の考え方や行動はすべての基準となっているものです。働く親をカッコいいと思っていれば、「私もバリバリ働こう！」と思います。専業主婦の母親が父親のいいなりで不自由そうにしていたら、「ああはなりたくない」と思い、「絶対、専業主婦にはならない」と決めるものです。

親の考え方や行動をお手本にするか、反面教師にするか。親の生き方に共感できれば、親と同じ道を歩むことを目指し、親の生き方に疑問を持っていれば親とは違う道を選ぶ。お金のビリーフも仕事のビリーフも同じです。

ちなみに、私（北端）の親は公務員でした。仕事は大変そうでしたが、当時は、寝たきりの祖母の介護費用が必要な状況。安定した収入を保証してくれる公務員という仕事に、親は感謝していました。

「安定がいちばん」――これが親の口ぐせだったこともあり、「仕事＝安定」が私の仕事のビリーフになりました。

変化が起きたのは思春期の頃。変化に富んだカラフルな時間を過ごすことが楽しい時期になると、いわゆる「安定した毎日」は「かわり映えのしない退屈な日々」に色あせていきました。そんな安定した毎日を成り立たせているのが、収入の安定した公務員という仕事かと思うと、「退屈な人生はイヤだな」と感じるようになっていったのです。

仕事の現実を知らずに、親にも偉そうなことやひどいことを言っていたあの頃を思い出すと、今でも恥ずかしくなります。

「退屈な人生はイヤだ」と思った私は、その後、4回転職をしました。ひとつ目は法律事務所、2つ目はITベンチャー企業、3つ目はIT大手企業、4つ目は心理学のセミナー会社です。

ひとつ目の法律事務所は、家族的な雰囲気のとても素晴らしい職場でした。ですが、安定した日々が嫌だと思っていた私は1年で飛び出しました。

2つ目のITベンチャー企業は、激務で毎日終電まで働いていましたが、刺激的な日々。当時学んだことは今でも活きています。

3つ目のIT大手企業は、大手企業ゆえに変化が遅く、2年半でやめました。

4つ目の心理学のセミナー会社では、学ぶことすべてが新しく、講師を務めるたびに、感動と発見と成長の日々。楽しくて楽しくて9年続きました。

こうしてみると私の選択基準は、「変化があるか、ないか」。ビリーフどおり、「安定がいちばん」だった親とは正反対の働き方を選んでいたのです。

親の影響は、今のあなたの働き方に限らず、お金の稼ぎ方、使い方、人との付き合い方、パートナーシップのつくり方など、すべてに当てはまります。それが、今のあなたを幸せにしているなら問題はありません。ですが、もしも今の毎日に疑問や不満を感じているようなら、親の影響を受けているあなたのビリーフを見直すときでしょう。

仕事のビリーフを変えるだけで収入はアップする

お金に弱い人は、仕事は苦痛・退屈というビリーフを持っています。

それはもともと仕事には強制労働という側面があったからです。食べていくのに困らなくなったのはこの40年ほど。それまでは食べていくのが精一杯で、嫌なことでも我慢して、頑張ってはじめて生計を立てる人が多かったのです。生きていくために「しなければならないこと」が仕事。それが長い間続いた仕事のビリーフです。

ですが、もしもあなたが今、働くことにこうした不満を持っている毎日なら、今持っているビリーフを捨てて、新しい仕事のビリーフに変えるタイミングです。

過去の経験から「できる・できない」と可能性を判断していると、私たちはできることを選び、できないことは避けるようになります。できるとわかっていることをするだけではつまらないもの。仕事は退屈でつまらない・苦痛、と感じるのはそのためです。

お金に弱い人は、次のような仕事のビリーフになっています。

仕事は退屈
↓
仕事が退屈なので、仕事時間も退屈
↓
退屈な仕事時間がお金に変わる
↓
お金は退屈な仕事の我慢代

一方、お金に強い人の仕事のビリーフはこうです。

仕事は楽しい　or　仕事は工夫して楽しむもの
↓
楽しい仕事時間を過ごすことで毎日が充実する
↓
楽しい仕事時間がお金に変わる
↓
楽しい仕事でお金をもらえるなんて最高

こんなふうに仕事のビリーフが変われば、仕事に対するモチベーションも上がり、成果を出せるようになります。すると、周りの評価も得られ、チャンスも増えるので、収入アップにもつながります。

お金に強い人は時間の質を上げる人。仕事時間の質をあげていけば、収入アップもついてきます。

03 自分の価値を上げながら働く方法

仕事はお金をもらうものではなく、価値を交換するもの

「お金は、ほしいものと交換するための道具」というお話を3章でしました。お金は自分の求めているものと交換する力を持つ道具であって、それ以上のものではない。だから、「お金そのものより、好きなことができる私」のほうが大事、と考えるのがお金に強い人のビリーフです。

では、お金に強い人にとって、仕事とはどんなものなのでしょうか？

お金に強い人は、仕事を「自分と相手が価値を交換する行為」と考えます。あなたが「相手から欲しいもの」と、相手が「あなたから欲しいもの」を交換する。お互いが相手から

もらえるものや、相手にしてもらう行動に満足していたら、2人ともハッピーだということ。これが仕事の本質です。

仕事とは、自分と相手が価値を交換する行為——そんなふうに考えると、お金に弱い人が「仕事は苦痛」「仕事は退屈」と感じている理由もハッキリと見えてきます。

それは、「交換」がうまくできないからです。

よくあるのは次の2つです。

1. 知識やスキルが足りなかったり、自信がないせいで、「私には交換できるほど価値のあるものはない」と思っている
2. 成果を出したのに評価されない。いい商品なのに値切られる。「私は価値あるものを提供したのに、相手から返ってきたものは価値あるものじゃない」と思っている

1の人は「私には価値がない」というお金に弱いビリーフの影響を強く受けている人。

では、2の人は？

じつは2の人も同じです。相手から返ってきたものが価値あるものではない、というのは、交換がうまくできなかったということ。つまり、「私の価値を相手に評価してもらえなかった」ということです。

そして、2つに共通して流れているのは、「本当はもっと自分を大切にしたかったのに……」という気持ち。そうした気持ちがあるからこそ、「大切にできなかった自分」に対して納得ができず、「こんなはずではないのに」と心がモヤモヤし続けてしまうのです。

そういう経験が続けば、「私を評価してくれる人はいない」という思いが募り、「私には価値がないんだろうか……」という不安に変わっていきます。

でも、今、交換がうまくできなくても大丈夫。

あなたの価値を欲しいと思っている相手と、あなたが望むものを交換するようにすれば、お互い満足する働き方ができるようになります。

04 交換能力が上がるビリーフを持てば収入も上がる

あなたの価値を相手に理解してもらうためにすべきこととは？

ビジネス的にいえば、前項の2つは「交換能力が低い」ということになります。収入が低くなるのは、**お金と交換するだけの価値を相手が感じないから**です。

ここで注意すべきことは「感じない」という点です。あなたにスキルや能力があるかどうかに関係なく、相手が価値を感じられなければ交換は起きないのです。

問題は、あなたに仕事のスキルや能力が高いかどうか、センスがあるかどうか、だけではない、ということ。たとえあなたに仕事のスキルや能力、センスがあったとしても、相手がそれに価値があると感じなければまったく意味はありません。

つまり、ポイントは相手があなたの価値を感じるかどうか。「この人は自分にとって価値の高い人だ」と思ってもらえる人に出会えるかどうかにあります。

人口わずか2000人の山林の小さな町、徳島県上勝町に年収500万円を超えるおばあちゃんが大勢います。なかには、年収1000万円のおばちゃんも。

では、どうやってお金を稼いでいるのでしょうか？

それは、料亭や寿司屋で使われる「つまもの」の葉っぱ採取です。

町の人は、そこら中に落ちているゴミのような落ち葉がお金になるなんて、最初は信じられませんでした。でも、町に赴任してきた農協の横石さんが「これは料亭に売れる！」と思い、おばあちゃんたちに落ち葉拾いを頼み込んだのです。

それが今では、町を代表するビジネスになりました。

つまものを使わない人にとって葉っぱはただのゴミ。タダであげると言われても「いらない」というでしょう。けれど料亭や寿司屋にとっては料理を引き立てる大切な素材です。

価値の交換は、私たちの日常生活のさまざまなシーンでも起きていますが、自分の価値を知り、相手のニーズを知ってはじめて起きるもの。正しい判断が必要です。

だからこそ、あなたの交換能力を上げるためにまずやることは次の２つです。

- 自分の価値をしっかり知ること
- 自分の価値を必要としている人が誰かを知ること

「私には価値がある」

「犠牲なんてしなくても私は今のままで価値がある」

「いいと思わない仕事を無理してしなくても、私にはもっとふさわしいいい仕事がある」

「私と何かを交換したいと思っている人はいる」

というビリーフをあなた自身が持つことが大切です。

あなた自身が自分を価値ある人間だとしっかり認め、相手が望むものとマッチングさせて正しい価値で交換をする。それが、お金に強い人の自分の価値の高め方であり、チャンスのつかみ方です。

05

お金の不安がなくなる仕事のビリーフの持ち方

資格やスキルをアップする努力の前にすべきこと

自分が持っているものでもっとも価値の高いものを提供し、相手から欲しいものとマッチングさせて交換する——これがお金に強い人の働き方です。そのためには自分の価値を知り、相手のニーズを知る。これが交換の秘訣です。

では、どうすればそんな理想的な働き方ができるのでしょうか。

答えは簡単です。あなたが持っているもののなかで、もっとも価値のあるものに気づくこと。そして、それをさらに価値あるものに輝かせるために、磨くことです。

誤解しないでいただきたいのは、あなたが持っているもののなかでもっとも価値があるのは、特別な「資格」や「スキル」ではない、ということです。

もちろん、取得するのが難しい資格やほかの人より秀でているスキルが、あなたの強みであることに変わりはありません。ですが、あなたのなかでもっとも高い価値があるのは、「あなた自身」なのです。

価値があるのはあなた自身。そんなあなたに資格やスキルがあれば、最強の価値がある人になれる、ということです。


お金に弱い人の仕事のビリーフは「自分には価値がない」と思い込んでいる、というお話をしました。

自分には価値がないと思い込んでいるせいで、世の中の人が価値があるとしている資格やスキル、知識といったものを身につけて、自分の価値を少しでも上げていこうと努力します。

ですが、これは「私には価値がないから、○○で価値を上げよう」というお金に弱いビリーフに振り回された結果の行動です。それでは、MBAという資格にとらわれて幸せを失ってしまったあのホットドッグ屋の親父さんと同じになります。

スポットライトに照らされるべきなのは、すごい資格やスキルではなく、あなた自身。だからこそ、必要なのは「私には価値がないから、○○で価値を上げよう」ではなく、「価値があるのは私。そんな私に○○があれば、もっと価値がある！」というビリーフ。

ほんの少しの違いに思えますが、お金に強い人は「まず自分に価値があって、それを補強するために後から付加価値をつけていく」――そんなふうに考えているからこそ、自分自身の価値を高める働き方ができ、お金の不安もないのです。

今すぐ、そう思えなくてもかまいません。それはビリーフの仕業だから。

ですが、これだけは覚えておいてください。今のあなたの収入や評価が低いということは、あなたがまだ自分の価値に気づいていないということ。つまり、これから先の「伸び代」がある証拠です。今から自分自身の価値を知り、磨いていけばいいのです。

その方法は、自分の才能を見つけて、活かすことです。

自分の価値を知り、収入を上げていくための才能の見つけ方や活かし方については、次の章で見ていきましょう。

第5章

value
価値

自分を活かせる人が、お金に強い人

01 眠っている才能を活かし、お金に強い人になる

「才能がない」のではなく、「才能に気づいていない」だけ!?

「私にはほかの人より優れている才能なんてない」

「もしも自分に才能があったら、今とはまったく別の華やかな人生を歩んでいただろうな」

というように、お金に弱い人は、自分の価値を過少評価していることが多いもの。

ですが、こんなふうに思うのは、お金に弱いビリーフのせい。「お金のほうが私より価値がある」と思っていると、「私には才能がある」と思いにくくなるからです。

「才能」は、誰にでもあります。ただ、自分のなかにある才能の見つけ方や活かし方にまだ気づいていないだけなのです。本章では、あなた自身がまだ気づいていない才能の見つけ方や、お金に強い人が実践している才能の活かし方について説明していきます。

「あなたは、自分に何かの才能があると思いますか？」

この質問を講演やセミナーで参加者に向けると、「はい」と答える人は、ほとんどいません。優秀な女性であっても、「仕事上のスキルはいろいろあると思いますが、これといった強みがなくて……」と悩んでいる人にも出会います。

現役東大生に才能の見つけ方をレクチャーしたこともありますが、「自分には才能がないと思う」と言っている学生もたくさんいました。

そこで次に、「では、『才能がある人』と聞いて思い浮かぶ人は誰ですか？」と聞くと、続々と有名人の名前があがります。

野球のイチロー選手、サッカーの本田圭佑選手、フィギュアスケートの羽生結弦選手や浅田真央選手、映画監督の北野武さんや宮崎駿さん、アーティストならレディ・ガガや宇多田ヒカルさん。経営者なら孫正義さん……このあたりがよく出てくる名前です。

どうやら、彼らのようなアスリートや映画監督、アーティストや俳優、経営者といった職業は「才能がある人が就く仕事」のようです。

ですが、本来、才能とは特定の職業に就ける権利でも特殊な能力でもありません。いわゆる「仕事がデキる」、エリート会社員ではなくても、才能を持っているもの。「私には才能がないから……」というのは、単なる思い込みであって、ビリーフにとらわれているからなのです。

間違ったビリーフのせいで、多くの人が自分の才能に気づかないまま働き、お金でも仕事でも満足できないまま人生を終えているなんて、もったいないと思いませんか？

「才能」は生まれつきあるものでも、遺伝するものでもない！

「才能は生まれながらのもの」「才能は遺伝で決まる」というふうに思い込んでいる人は意外と多いもの。

生まれたときには、すでに才能の有無は決まっていて、自分の力では変えられない――これが、お金に弱い人が持っている「才能のビリーフ」です。

才能は誰にでもあるものです。もし今、「自分には才能がない」と感じているなら、それはまだ才能の見つけ方や活かし方を知らないだけなのです。

私が世界中の才能がある人たちの才能分析をして得たことは、「才能とは感情を行動に移した結果、生み出される能力」という結論です。

感情は才能に変わります。そして、感情が才能に変わるなら、私たちの誰もが感情を持っているわけですから、「誰にでも才能がある」ということになるわけです。

才能をつくるのはポジティブ＆ネガティブな感情

そもそも、才能を生み出すエネルギーには、ポジティブな感情からつくられたものと、ネガティブな感情からつくられたものの2種類があります。

たとえば、ポジティブな感情から才能開花した人といえば、コシノ三姉妹を育てたファッションデザイナーの小篠綾子さん。呉服屋をしていた父親の影響で洋装に憧れ、「針と鋏をうまく使えば、女性がこんなにも美しく見える！」と感動し、ファッションデザイナーになりました。

フィギュアスケートの浅田真央選手は子ども時代、フィギアスケートに出会い大好きなスケートを仕事にしました。二人ともポジティブな感情を才能開花のエネルギーに変えた人です。

ポジティブな感情から才能開花する人は「ある人」です。

「ある人」は、子ども時代に、何かをもらったり、何かに出会った感動や喜び、楽しさを追求している間に上達し才能開花する人。または、その感動や楽しさを他の人とシェアしたくて、その方法を試行錯誤するうちに才能開花した人のこと。

小篠綾子さんは子ども時代から、呉服屋をしていた父親と服を作る機会がありました。浅田真央選手も子ども時代にフィギアスケートに出会っています。

「ある人」はその感動を、多くの人と分かち合いたいと思う傾向があります。

一方で、ネガティブな感情から才能開花した人といえば、世界的ベストセラー『やり抜く力 GRIT』(ダイヤモンド社)の著者、ペンシルベニア大学心理学部のアンジェラ・ダックワース教授です。

彼女は、2013年にはアメリカで「天才賞」と呼ばれるマッカーサー賞を受賞し、TEDでのスピーチも1000万回以上再生され、一躍時の人になりました。

「天才賞」と呼ばれる賞を受賞した人ですから、さぞや才能に恵まれた人かと思えば、子どもの頃はそうではなかったとのこと。彼女は幼少の時代から「おまえは天才じゃない」と父親から繰り返し言われたそうです。

悔しかった彼女はその後、軍人からアスリート、ビジネスパーソンから学生まで優秀な人たちを研究。

その結果、「彼らの成功の秘訣はIQでも才能でもなくグリット、つまり『やり抜く力』だった」という結論を導き出し、「生まれ持った才能」よりも、「情熱」や「粘り強さ」によってその人の人生が決まる可能性が高い、と突き止めたのです。

これは、たった1％の富裕層が、50％以上の富を独占する超格差社会のアメリカに一石を投じた研究報告となりました。

子どものころに「天才じゃない」と父親から否定されたときの彼女の感情を想像すると、怒りや悲しみ、悔しさや絶望感があったことでしょう。けれど、そうしたネガティブな感情をエネルギーにして行動をし続けた結果、眠っていた才能が開花したのです。

ネガティブな感情から才能開花する人は「ない人」です。

「ない人」は、子ども時代に、何かをもらえなかった悲しさや寂しさ、辛さ、怒りという感情をきっかけに、もらえなかったものを手に入れようとして試行錯誤を繰り返し、才能開花した人のこと。

ダックワース教授は親からもらえなかった承認を手に入れるために人生をかけた人です。親から天才じゃないと言われ続けた彼女は、まだ自分の才能に目覚めていない子どもたちの支援を教育現場で行っています。

これは彼女が昔、父親から欲しかったもの。ない人は、もらえなかったものを手に入れるために情熱を注ぎ、自分と同じものをもらえずに苦しんでいる人たちのために仕事をする傾向にあります。

一般的には、ネガティブな感情はプラスに作用しないイメージがありますが、才能に関しては例外。ネガティブな感情がその人のエネルギーになり、行動した結果、才能に変わるケースはたくさんあります。

ポイントは、「私は子どものころから、どんなことに感情が動いてきたんだろう？」と昔も今も変わらない、感情が動くポイントを見つけることです。

人は感情が動いたときに行動するからです。昔から同じことに感情が動くなら、同じ行動を続けている可能性も高い。そこにこそ、あなたの才能が眠っています。

才能は感情を行動に移した結果、生み出される能力。

スタート地点は、ポジティブな感情でもネガティブな感情でも構いません。大切なのは、あなたを突き動かすもっとも強い感情が才能を生むということです。

同じ仕事で成功しても、才能は違う場合がある

以前、美容関係の女性経営者から依頼され、彼女のクライアントの才能プロファイリング（才能診断）をしたことがあります。参加者の中に姉妹で参加されている方がいて、二人とも美容・健康関係のお仕事をされている美人姉妹でした。

お二人にとって最も強く感情を動かされたのは高校時代、父親の会社が倒産したことでした。当時、二人はいわゆるお嬢様学校に通っていました。父親の会社がうまくいっていたときは経済的にゆとりがあったからです。

しかし会社は倒産し、学校を辞めざるをえなくなったのです。もし、あなたが高校生時代、そんな状況に見舞われたら、どんな気分でしょうか？　先生や友達に転校の話をしなければならない。どんな気持ちになるでしょうか？

お姉さんは高校を辞めなければいけないと親から聞かされたとき、「やった！」と思ったそうです。理由は、優等生を期待されるお嬢様学校が窮屈で仕方がなかったから。「これで、自由になれる！」と嬉しかったそうです。このお姉さんが昔から好きだったのはターザンでした。

一方、妹さんは、「絶対、嫌だし、そんなこと友だちに言えない」と思ったそうです。彼女はこのお嬢様学校や友達が大好きだったからです。「あのときは本当に嫌だった」と言っていました。

今、お二人は美容・健康関係のお仕事をされていますが、こうした感じ方の違いが、二人の働き方にどう影響していると思いますか？　もし、あなたが美容・健康について相談したいと思ったら、この二人のうち、どちらに相談しますか？

おそらく、「まわりの目を気にせず、もっと自分らしく自由に生きたい」と思っている人はお姉さんに。正統派の可愛い女性や美人を目指す人は、妹さんに相談したいと思うでしょう。

美容、健康、ファッション関係の仕事をしている人は、外見にその人の価値観が表れるものです。実際、二人のまわりに集まってくるお客さんはそんなふうに分かれていました。同じ出来事を経験しても感じ方はまったく違います。人によって感性が違うからです。この感じ方の違いが、個性の違いになり、才能の違いに変わる。そしてどんな人がお客さんになるのか？　共感される顧客も決めるのです。

第4章で、交換の秘訣は「自分の価値を必要としている人が誰かを知ること」と書きました。自分の才能を活かすには、あなたがどんな人に共感される人なのかを知ることも大切です。

お二人は才能プロファイリングを受けるまで、自分の才能や、なぜ、そういうお客さんばかり集まってくるのか、自覚していませんでした。自覚していなくても自分の才能を活かして、ファンに囲まれていたのです。

だとしたら、この姉妹が自分の才能を意識的に活かし始めたら、どうなるでしょうか？今以上に、共感される顧客に囲まれ、楽しみながら働いて、収入アップできると思いませんか？

才能を活かせば、価値観の合う人と質の高い時間を過ごしながら収入を得られる。そんな働き方を実現することができるのです。

02 「『好き』を仕事にすれば成功する」のウソとホント

一番、感情が動くことを見つけよう

お金に強い人は、好きな仕事をしています。「好きを仕事にすれば成功する」と断言する女性も増えています。たしかに、「好き」というポジティブな感情はエネルギーに変わりやすく、行動に移して続けることで才能が開花するのも事実です。

ですが、その一方で、「会社を辞めて、好きなことで独立したのですが、全然、仕事がなくて……」「好きなことだったはずの仕事なのに、開業してすぐに貯金が底をついてしまいました」という悩みもよく聞きます。

「好き」を仕事にすれば才能も開花して、仕事もうまくいくはずだったのに、なぜこのようなことが起こるのでしょうか。

これは、「好きな仕事」の「好き」の部分が曖昧だったために起きるトラブルです。

感情を行動に移せば才能が開花するなら、その才能を活かせる仕事を見つけた人は、好きを仕事にできた人になります。

ですが、同じように感情を行動に移しても、才能開花せず仕事で活かせない人もいます。

才能が開花する人としない人、その違いは「感情の強さ&深さ」にあります。

たとえば、「あの人みたいになれたらいいな」と思うような、憧れの美貌とスタイルを誇るモデルの女性がいたとします。ですが、もしも本気でモデルになりたいと思うなら、食事や体重の管理、ハードなエクササイズやエステなど、細かい部分まで日常生活をマネジメントしていく必要があります。

現実に直面すると「そこまではできないな……」とひるんでしまうこともあります。ですが、それは「モデルになりたい」と思う感情の強さや深さがそこまでではなかった、ということ。弱い感情や浅い感情だったために、たとえ行動をしても継続できない、ということになります。

弱い感情や浅い感情は、何かのきっかけで一時的に強い感情になるものの、すぐに熱が冷める、という特徴があります。それでは持続性を手にいれることができません。ずっと続く感情をエネルギー源に行動していなければ、才能も開花しないのです。

ただ、感情が弱かったり浅いからといって、「私には才能がないんだ……」と落胆する必要はありません。なぜなら、続けられなかったことに対してあなたの才能がなかっただけで、もっとほかの分野のことに才能が発揮できるものがあるということだからです。長続きしなかったことを悔やむ必要はありません。もっと強く深く感情が動くものを探せばいいだけのことだからです。

好きなことで成功している人は、誰にも評価されなくても続けられるほどの好きなことを仕事にした人。行動せずにはいられないほど、あふれる感情を止められない人。それが、自分の才能を見つけた、お金に強い人の行動です。

才能開花の秘訣も、お金を増やす秘訣も、幸福度を上げる秘訣も、持続力なのです。

03 3つのレベルの才能を段階別のアプローチで活かす方法

才能はレベルによって活かし方が変わる

才能には、「感情レベル」「行動レベル」「能力レベル」の3つがあります。まずは、今の自分がどのレベルにいて、どんなことが必要な段階なのかを知っておきましょう。

ーレベル1（初級）：「感情レベル」の才能を持っている人

感情レベルの才能を持っている人は、心の中で「やりたい」と思っているだけの状態。あなた以外、誰もそのことを知りません。

感情を行動に移していないということは、好きなことを仕事にしていないということ。あなた自身も含め、誰もあなたの才能に気づいていない状態です。感情は目に見えないからです。

なかには、写真など、自分ではやりたいことに気がついているものの、まわりにはアピールせず、ひとりのときにだけ行動に移している人もいます。ですが、それでは周りに評価され、求められることがないので、才能を活かすチャンスが減ってしまいます。その結果、せっかく才能があることであっても趣味で続けているだけで、仕事に活かせず、お金にならないままの人もいます。

才能が感情レベルで停滞している人は、「仕事はお金を稼ぐためのもの」というビリーフを持っています。仕事に退屈や苦痛を感じている傾向が強いでしょう。せっかく才能があっても、それを活かしきれていないので、価値の交換という観点からいえば、仕事時間とお金を交換しているだけになります。

まずは自分のやりたいと思っていることを行動に移すこと。それで人を喜ばせることが課題です。

ーレベル2（中級）：「行動レベル」の才能を持っている人

行動レベルの才能を持っている人は、思っていることを行動に移している段階。まわりの人も「もしかしたら、才能があるのかも」と思いはじめています。行動は、目で見ることができるからです。だから意欲は買ってもらえますし、人にも気に入られるでしょう。ただし、相手の期待どおりの能力があなたにあるかどうかは別問題。期待どおりでない場合は、「一生懸命だし、いい人なのだけれど……」という評価で終わってしまう危険性があります。

この段階の人にとって必要なのは、今ある才能を磨くための効果的なトレーニングです。才能開花のポイントのひとつは、「才能を伸ばすスピードをどれだけ短縮できるか」という点。才能は、速いスピードで伸びれば伸びるほど、人を喜ばせ、評価も上がり、収入も上がります。そのためにも、あなたが伸ばしたい分野で才能開発トレーニングを行っている専門家を見つけることが重要です。ビジネスパーソンなら、興味のあるテーマや、身につけたいスキルを教えてくれる講師やトレーナーを見つけ、彼らのセミナーや研修を受けるのが才能開花の近道です。

ポイントは、時間とお金を惜しまないこと。お金に強い人が時間とお金をかけて正しく自己投資をするのは、長い目で見れば学びにお金を使うのは費用対効果が高いから。お金で時間を節約できることを理解しているからです。

ーレベル3（上級）：「能力レベル」の才能を持っている人

能力レベルの才能を持っている人は、ある程度の結果を出すことが保証できる段階です。「この人に頼めばこういう仕上がりが期待できる」というように相手から信頼されるのは、あなたの才能が認められているから。相手にとって、あなたは安心して仕事を頼める人なのです。

能力レベルの才能を持っている人は、時間に「才能」という付加価値をプラスしながら働いているため、相場以上の金額で交換ができ、収入も高くなります。

ちなみに、世間一般で「才能がある」と言われている人は、能力レベルの中でも秀でた人のことを言います。

「自分には才能がない」という間違った思い込みがあるために、見つけることも伸ばすこともあきらめてしまうのはもったいないこと。今のあなたの才能のレベルを知り、才能を伸ばしていきましょう。それが、今の仕事であなたが最大限に輝くための才能の活かし方でもあるのです。

04 手帳を使って自分の才能を見つける方法 ～実践編

自分の感情がどんなことに動くのかを知る

「自分でも気がついていない才能を、どうやって見つければいいの？」という質問は、じつに多くの人から寄せられます。

この質問に答えるためには、第2章でご紹介した手帳術を思い出していただく必要があります。

第2章では、お金に強い人になるためには、手帳に「満足度」を示すアイコンを書き込む、という方法があることをお伝えしました。

あなたが使っている時間別に3色ボールペンを使って、次のようにアイコンを記入していく、というものです。

・満足度が高かった時間　↓　赤色でニコニコマーク
・不満だった時間　↓　黒色でイライラマーク
・満足も・不満もない時間　↓　青色で無表情マーク

じつは、眠っている才能に気づくのも、この方法が有効です。

ただし、今回は手帳ではなくノートや紙を活用しつつ、「時間別ではなく、タスク別にアイコンを記入していく」という方法です。

注目すべきは「ニコニコマーク」と「イライラマーク」のみ。「無表情マーク」はスルーしてください。

具体的には、次のように書いていきます。

「納期を早めるお願いをされたが、現場とやりくりしてクライアントの要望に応えることができた☺」

「『企画書がわかりやすくまとまっている』とほめられた☺」

「友人の祝賀会の幹事をまかされたところ、無事に成功した。参加者も皆、よろこんでくれた🙂」

というように、日常の小さな行動や達成できたタスクのなかで印象に残っているものに対し、ニコニコマークをつけていきます。ニコニコマークはポジティブな感情で心が動いたということ。それをエネルギーにして行動に移せば才能開花の確率が高くなります。

同じように、次のようにイライラマークもつけます。

「作業中に電話が鳴ったので仕方なくとった。余計な時間をとられ作業も中断した😖」
「次の会議で、チームリーダーとしてプレゼンをまかされた😖」
「子どもの参観日に欠席する人が多く、教育熱心ではない親が多いと思った😖」

というように。ニコニコマークだけでなくイライラマークもつける理由は、イライラマークにもあなたの感情は動いているからです。

たとえば、「作業中に電話が鳴った」にイライラマークをつけたということは、集中して仕事をしたい人や、完璧を目指すプロセスに没頭したい人。集中力があって完璧志向が強い、という才能が隠れていることになります。

「チームリーダーとしてプレゼンをまかされた」ことにイライラマークがついた人は、リーダーシップを発揮したり、人前でプレゼンするより、フォロワーシップやサポート力を発揮するほうが得意である可能性があります。

同じように、「子どもの参観日に欠席する人が多い」ことにイライラマークをつけた人は、あなた自身が教育熱心な人。学校や地域の教育活動だけではなく、人を見守り、育てる教育の才能を持っている可能性が高いでしょう。

どんなことに自分の感情が動いたかがわかれば、あなたのスキルや能力を発揮できる環境づくりや時間確保を具体的に考えるきっかけになります。

これが、あなたの才能を見出す簡単な方法です。

あなたの才能をフルに発揮する働き方を実現できるように時間とお金を使えば、才能はどんどん伸びていき、評価も上がり、収入に跳ね返ってくるようになります。

見つけた才能を活かせば、時間の質も上がり収入も増えるのです。

「生産時間」と「消費時間」の見極めには注意！

ちなみに、ニコニコマークをつける際、ひとつだけ注意してほしいことがあります。

それは、ニコニコマークの中には「生産時間」と「消費時間」の2つがある、ということです。

生産時間は、あなたの才能が伸びる時間。自覚がないこともありますが何かに取り組んだり、練習したり、学んでいる時間です。消費時間は、ただ楽しんでいるエンターテイメントやリラックスの時間。才能が伸びるとは限らない時間です。

たとえば、大好きなアーティストのコンサートに行ったとします。それを楽しんでいるだけだと消費時間。時間の質を高める意味ではOKですが、才能を伸ばす時間になっているわけではありません。

一方で、あなたもアーティストで、人気アーティストのコンサートから成功の秘訣を学んでいれば生産時間。あなたがイベント企画の仕事をしていて観客の動員の仕方、グッズの販売法、演出法などから学び、それを仕事にアウトプットしていれば、才能を伸ばす生産時間になっています。

いずれにしても、ニコニコマークは、生産時間のほうだけを書いていくことが理想的。消費時間のニコニコマークは思い出のなかでとどめておくだけで、書くことは控えましょう。

じつは、この方法は「才能プロファイリング」と呼ばれる手法です。

才能プロファイリングを使えば、3つの質問から、あなたが昔から磨いてきた才能を見つけることができます。詳しい方法は『自分の秘密　才能を自分で見つける方法』『才能が9割』（共に経済界）に書いていますので、興味のある方はご覧ください。

05

お金に強い人が実践する「才能を活かした」働き方

不自由を感じていた女性が、自由に生きるために才能を活かした

お金に強い人は、自分の才能を活かして楽しみながら働いています。

ここでは、「才能を活かして働く」ということがどういうことなのか、具体的に2人の女性の例を参考にしながら説明します。

『すべての女は、自由である。』（ダイヤモンド社）の著者、カラーズ代表取締役の経沢香保子さんは才能を活かして働いている女性のひとり。2012年に当時、女性最年少で東証マザーズに上場した女性起業家でもあります。

著書の中では、末っ子だった経沢さんは家族の中でもっとも発言力がなく、父親に「自由に生きるには、まず自立することだ」と言われて育ったことが書かれています。

大好きな母親は専業主婦の鏡のような人。ですが経沢さんは、「妻はつねに夫をたて、何かを決定する際も必ず夫にお伺いをたてる」という当時の社会や風潮には疑問を抱いていたとのこと。

ある日、ピアノを習いたくなった経沢さんが母親に相談したところ、「いいじゃない、素敵」と賛成してはくれたものの「でも、まずはお父さんに聞いてみましょう」という返事。父親に切り出すと「だめだ」と反対され、理由をきくと「お父さんが、そう決めたから」と理不尽なことを言われたそうです。

彼女の家では「父の意見が法律」だったと言います。

そんな経沢さんが自由になるために考えついた仮説は「1億あれば女は自由になれる」。それから猛勉強し、男女平等の環境で働けるリクルートに就職。「インターネットを活用すれば、もっと人生は豊かになるはず」と考え、楽天に転職。そしてトレンダーズを創業し、上場させたのです。

経沢さんは「自由がなかった」というネガティブな感情をエネルギーにして、行動を続け、才能を開花させたケースです。

カラーズという企業は、「日本にベビーシッターの文化」を広め、女性が輝く社会を実現するためのオンラインベビーシッターサービス。これは女性を育児から解放し、自由にするためのサービスです。自分が欲しかった自由を手に入れて、同じ自由を欲しがっているワーキングママへのサービス提供に邁進しているのです。

経沢さんの才能は、女性を自由にする能力。まさにその才能を活かしながら働いていると言えるでしょう。

ほかにも、自分の才能を活かしながらファッション業界で働いていたのは、ココ・シャネルです。

彼女は女性をコルセットの服から解放し、男の好みで固められたファションを女性が楽しむファッションに変え、女性が自由に生きられる世の中をつくりました。

シャネルは子ども時代、修道院に預けられ、自由がなかった人。彼女が自立したのも、子ども時代、お金があれば自由になれると思ったからです。

経沢さんとシャネルでは、生きている時代や社会がまったく異なります。ですが、二人に共通しているのは「自由がほしい！」という熱い感情からスタートして、才能開花にいたったこと。

その後、才能を活かして活躍した場が、経沢さんにとっては営業であり、ITであり、起業であり、ベビーシッターサービス。シャネルにとってはデザインであり、ファッションであり、起業という選択でした。

素直な気持ちに従うこと。それが才能開花の秘訣です。

眠っている才能が呼び起されそうなくらい自分の感情が動いたら、その才能が開花するような働き方を選ぶ。自分の才能が活かせそうな仕事の近くに身を置けばいいのです。

どの業界でも、会社でも、才能を活かしながら働くことはできるはず。お金に強い人は、自分の気持ちを大切にアクションを起こしたからこそ、才能を活かせる仕事に出会ったのです。

06 「付加価値の高い人」になる方法

3ステップ式で付加価値を高める

これまで、「時間の使い方」「お金の使い方」「働き方」「価値や才能の活かし方」という4つのアプローチから、お金に強い人になる方法を説明してきました。

最後に、この4つのアプローチを活用しながら、お金に強い人が実践する、付加価値の高い人になるコツをお伝えしたいと思います。

お金に強い人は、すでに付加価値が備わっている人。彼女たちの収入が高いのは、付加価値代が含まれているからです。一方、お金に弱い人は、仕事時間をそのままお金と交換しているだけなので、付加価値の高い働き方をしていません。

ではどうすれば、付加価値の高い人になれるのでしょうか。

じつは、お金に強い人は、３つのステップで付加価値を高くしています。お金に弱い人は左からきたものを右に流すだけのところ、お金に強い人は自分なりに立ち止まって考えて、次の３つのステップで付加価値を高めていきます。

２４９ページの図のように、お金に弱い人は時給千円で働いたら、すぐに千円をお金でもらいます。

ですが、お金に強い人は同じように時給千円で働いたとしても、すぐにお金には変えず、「経験」「知識・能力」「信用」という３つのステップを通過した後、最終的にお金に換えるので、千円の何倍ものお金が手元に入る仕組みになっているのです。

早速、３つのステップについて、それぞれ見ていきましょう。

｜STEP１「経験」

お金に強い人は、まずは「時間」を「経験」と交換します。会社員であれば、「営業として現場で働く」「企画書や報告書を作成する」「上司のフォローをする」というように、費やす時間に意味や目的を持たせ、「スキルアップのための経験をお給料をもらいながら積めるなんてラッキー」と喜んでいます。

STEP2「知識・能力」

ステップ1で学んだ経験を通じて、今度は「知識・能力」と交換します。先ほどの例で言えば、「営業として現場で働いた結果、現場で働くスタッフの本音をヒアリングすることができた」「企画書や報告書を作成した結果、時間と労力をかけず、効率よく作成できる便利なツールをマスターできた」「上司のフォローをした結果、トラブルが発生しそうな課題点やクライアントに評価されるコツがわかった」というように、自分だけでなく相手にとってもプラスとなる「知識・能力」を身につけます。

STEP3「信用」

ステップ1で経験を積み、ステップ2で知識と能力を得たことで、自分だけでなく相手にとってもメリットのある行動ができるようになると、相手から「期待に応えてくれる人」という評価をされます。これこそが、ビジネスでもっと重要な「信用」です。

相手からの評価やまわりの口コミなどは、信用のこと。信用があれば、自分から売り込むことをしなくても、まわりから依頼が舞い込むようになります。

[お金に弱い人]

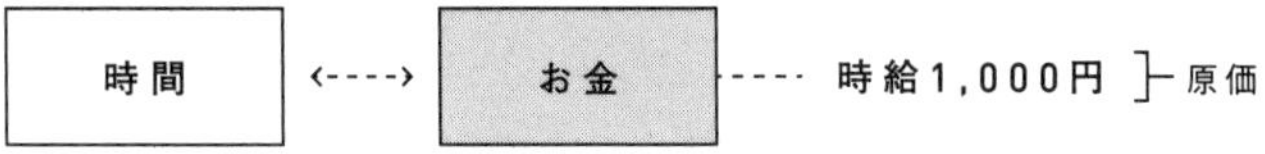

[お金に強い人]

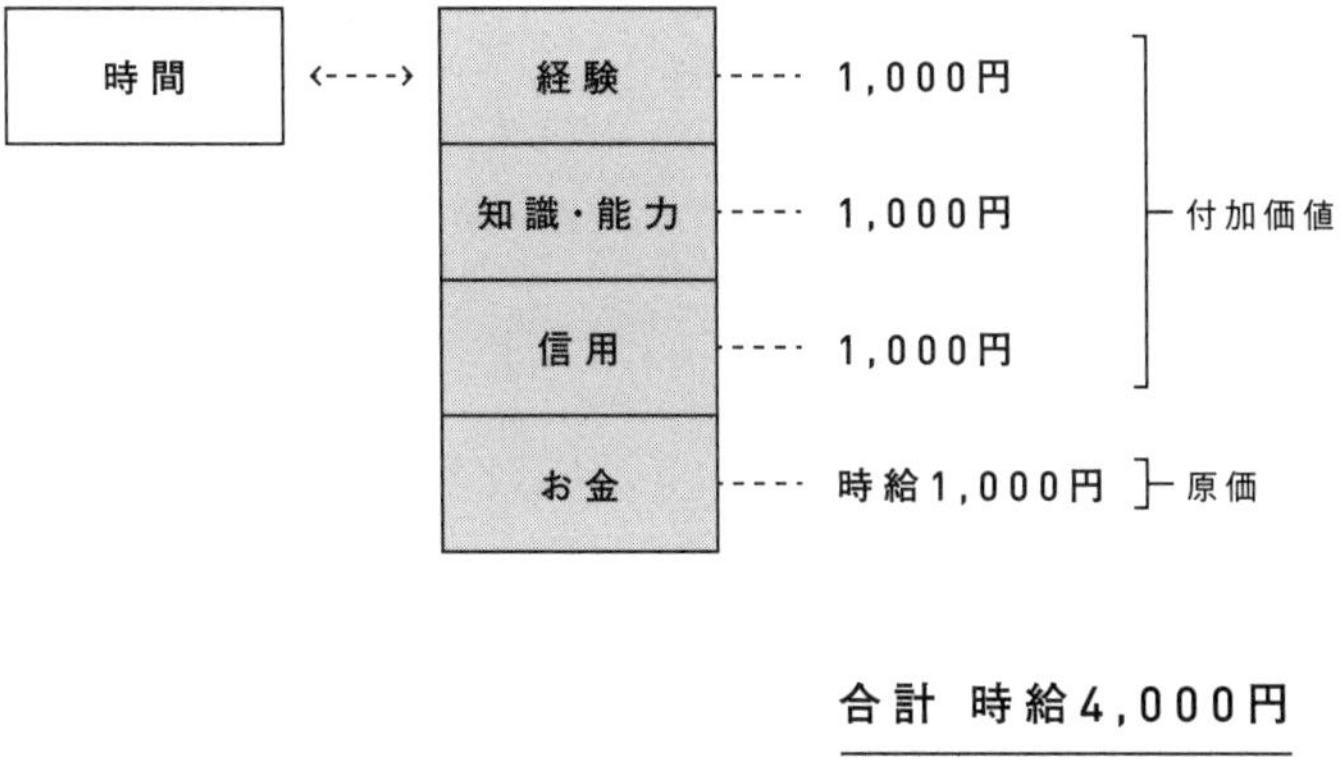

この3つのステップが、お金に強い人が実践している付加価値を高めるプロセスです。

たとえば、原価が千円のワインを仕入れ、そのままの値段で売るのはお金に弱い人。お金に強い人は、千円で仕入れたぶどうを独自のノウハウで熟成させ、自分で開拓した販路を活用し、知り合いを通じて宣伝をしたりしながら4千円という値段で売るのです。

お金に強い人は、時間をお金にすぐ交換しません。その前に経験と交換し、知識・能力と交換し、信用と交換する。そして最後に、お金と交換するのです。

この仕組みを知っておけば、あなたは必ず付加価値の高い、お金に強い人になれるはずです。

07 お金に強い人はゴールを持っている

お金に強い人の2種類のゴール

お金に強い人はゴールを持っています。たとえば、

「あと3年、この会社で頑張ってWebマーケティングをマスターしたら転職する」

「5000万円の貯金がたまったらリタイヤする」

など、キャリアのゴールを意識して日々、働いています。


第5章では才能について話してきましたが、お金に強い人になるという観点からいえば、2種類のゴールがあります。

1. お金を貯めてリタイヤし、悠々自適な生活をして、人生の質を上げる
2. 大好きな仕事で才能を活かし、生涯現役で毎日、質の高い人生を過ごす

1は、目標金額となる貯金や金融資産をつくった時点で現役を引退する人生。
2は、人生を終えるまで好きな仕事をつづける人生になります。

生涯現役時代を考えれば、心身ともに楽しめる仕事をする。
好きな仕事で才能を活かすのは時代の流れです。

好きで好きでたまらない仕事を見つけた人にとって、仕事をやめさせられるのは罰のようなもの。人生を捧げたいと思える仕事を見つけることは幸福になるための人生戦略です。

幸福は、思い出の数で決まります。
与えられた時間をどんな感情で満たしたのか？
その貴重さを理解しているからこそ、お金に強い人はゴールを真剣に考えます。

これからの人生を考えたとき、あなたは1と2のどちらがいいでしょうか？

もちろん、選択基準はあなたの心が動くほう。

幸せに正解はありません。

自分の人生、あなたが欲しい人生を選べばいい。

決めた女性は強く、美しく生きられるのですから。

おわりに　お金に強い人が一番大切にしていること

笠井さんから「お金のせいで夢をあきらめなくていい、そんな本をつくりたいんです」とお声がけいただき、本書の執筆をはじめました。

まずはじめたのはお金に強い人へのインタビュー。お金に強くなる秘訣を探るためです。起業家や投資家、銀行マンや営業マン、社長夫人や元社長夫人……。色々な方にお話を伺って気づいたことがあります。性別や職業、年齢、収入、資産額、今、仕事をしている・していないに関わらず、お金に強い人は、約束を一番大切にしているということです。

100万円貯金するという自分との約束を守る。留学するために毎日英語を勉強する。起業するという夢を叶える。パートナーや友達、子どもとの予定を守る。期日通りに納品する。銀行がお金を貸すのも、約束どおり返済する人。お金に強い人は約束を守る人です。「お金は約束を守る人のところに回ってくる」これがお金に強くなる秘訣です。

思い描いた夢や幸せを実現するのは自分との約束。その夢を応援してくれる家族や仲間との約束です。そのために時間とお金を使い、自分の才能を伸ばしていく。

人生には挫折や失敗がつきものです。約束を守れないときもあります。そんなときほど、覚悟を決めて、もう一度約束する。お金に強い人はそうやって夢や幸せを実現しています。

あなたは自分にどんな約束をしましたか？

これから誰に、どんな約束をするでしょうか？

その約束を果たしたとき、きっと最高の幸福を味わえるでしょう。

その瞬間を楽しみに、あなたの才能を活かして、お金に強い人への旅を歩んでください。

きっとお金にかえられない経験になるはずです。

最後に、執筆の機会をくださった笠井さんと安達編集長にお礼申し上げます。

北端康良

笠井裕予（かさい・ひろよ）

マネーキャリアコンサルタント/ファイナンシャルプランナー
株式会社オフィシャル　代表取締役
一般社団法人マネーキャリアコンサルタント協会　会長
普通のOLから人生を変えてお金持ちになりたいとカラーコーディネーターやフラワーアレンジメントなどの資格を取ったり、転職を6回も繰り返し、わずか年収100万円の生活になる。起業するも、青い鳥を探し続けたあげく5000万円借金を背負う。死んでもおかしくない状況からメンターのライフプランセミナーの参加をきっかけに、今苦労しても老後は自分らしく豊かで楽しく暮らしたいと人生計画をあらためて考え、FPとして生きる道を見出す。現在は、大手通販会社や新聞社などのマネーセミナー講師として活躍。これまで2000名を超える女性の個別コンサルティングをしている。また、自分自身が感覚的に生きてきた結果お金で苦労した経験から、自分らしい人生計画をつくり、お金とキャリアのサポートをしていきたいと、マネーキャリアコンサルタント養成講座を開催し、活躍の場を広げている。著書は『成功したい女（ひと）は、「結婚」を捨てなさい』（経済界）。
【マネキャリ女子レッスン】http://jiritsu-josei.com/

北端康良（きたばた・やすよし）

一般社団法人　才能心理学協会　代表理事
才能開発の専門家、ファイナンシャルヘルス コーチ
大阪市立大学法学部政治学科卒。13年間で5,000人のカウンセリング、300名のカウンセラーを育成した経験を元に、「才能開花の心理メカニズム」を解明し、才能心理学を体系化。3つの質問で才能を引き出す才能プロファイリングを開発する。才能をお金に変える方法を指導するうちに、「健康的なお金の稼ぎ方・使い方」の重要性に気づき、コーチングを開始。クライアントの中には左遷支店からエリート支店に栄転した金融マン、顧問料金が2倍になった税理士、趣味のフラダンスで起業した主婦、子供の才能を伸ばしたい親などがいる。現在は才能プロファイラーの育成に注力。「大人が才能に目覚めてイキイキすれば、子供も未来が楽しみになる」をモットーに講演・セミナー・執筆活動を行っている。趣味は「世界を眺める新たな視点を見つけること」。著書は『才能が9割』、『自分の秘密　才能を自分で見つける方法』（共に経済界）。
【才能心理学協会】http://pogss.org/　【北端康良ブログ～才能とお金と幸福の話】https://ameblo.jp/edunity/

貯金0《ゼロ》でも「お金に強い女《ひと》」になれる本

2018年1月3日　初版第1刷発行

著　者　　笠井裕予　北端康良
発行人　　佐藤有美
編集人　　安達智晃

発行所　　株式会社経済界
〒107-0052　東京都港区赤坂1-9-13　三会堂ビル
出版局　出版編集部　☎03（6441）3743
出版営業部　☎03（6441）3744
振替　00130-8-160266
http://www.keizaikai.co.jp

ブックデザイン　小口翔平＋山之口正和（tobufune）
カバーイラスト　高橋由季
編集協力　山口佐知子
印刷所　株式会社光邦

ISBN978-4-7667-8617-0